Tilmann Waldthaler

Outback

Tilmann Waldthaler

Outback

Mit dem Fahrrad quer durch Australien

Mit 29 Farbfotos und einer Karte

MALIK NATIONAL GEOGRAPHIC

Mehr über unsere Autoren und Bücher:
www.malik.de

Bibliografische Information der Deutschen Nationalbibliothek
Die Deutsche Nationalbibliothek verzeichnet diese Publikation in der
Deutschen Nationalbibliografie; detaillierte bibliografische Daten
sind im Internet über http://dnb.d-nb.de abrufbar.

MALIK NATIONAL GEOGRAPHIC

Originalausgabe
Januar 2015
© Piper Verlag GmbH, München 2015
Umschlaggestaltung: Dorkenwald Grafik-Design, München
Umschlagfotos: Auscape / UIG / gettyimages (vorne), Tilmann Waldthaler (hinten)
Innenteilbilder und Autorenfoto: Tilmann Waldthaler
Karte: cartomedia, Karlsruhe
Satz: Fotosatz Amann, Memmingen
Litho: Lorenz & Zeller, Inning a. A.
Papier: Naturoffset ECF
Druck und Bindung: CPI books GmbH, Leck
Printed in Germany   ISBN 978-3-492-40546-1

INHALT

Timorsee

Darwin

Kakadu
Nationalpark
A

STUART
HIGHWAY

Cambridge-
Golf

Katherine

Mataranka

VICTORIA
HIGHWAY

Ord-River
Naturschutzgebiet

GIBB
RIVER
ROAD

Kununurra

Larrimah

Timber Creek

Daly Waters

King Leopold
Conservation Park
(Naturschutzgebiet)

Ziel

Derby

Lennard River

Broome

Fitzroy Crossing

Halls Creek

SAVANNAH WAY

Große
Sandwüste

NORTHERN
TERRITORY

STU
HIGH

WESTERN
AUSTRALIA

Alice Sprin

Uluru (Ayers Rock)
▲
867 m

Große Victoriawüste

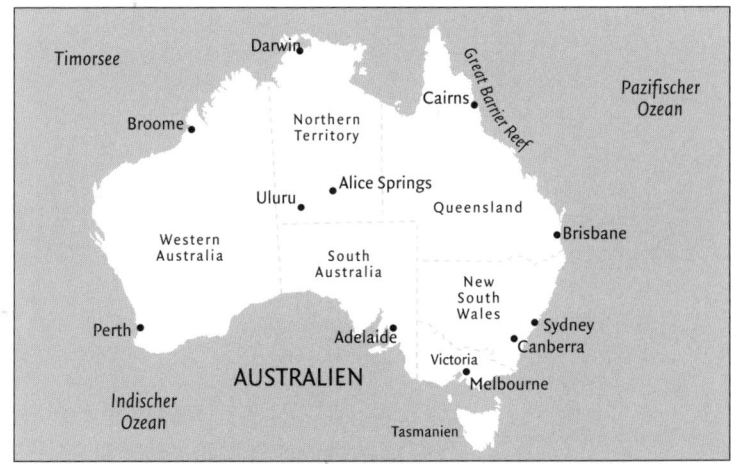

Pazifischer Ozean

Cape York-Halbinsel

Golf von Carpentaria

Start

Borroloola

Cairns

Cape Crawford

Hells Gate

Burketown

Karumba

Normanton

Gilbert River

Domadgee

SAVANNAH WAY

Croydon

Georgetown

Innot Springs

Undara Volcanic Nationalpark

QUEENSLAND

Timorsee

Darwin

Cairns

Great Barrier Reef

Pazifischer Ozean

Broome

Northern Territory

Uluru

Alice Springs

Queensland

Western Australia

South Australia

Brisbane

New South Wales

Perth

Adelaide

Sydney

Canberra

Victoria

Melbourne

AUSTRALIEN

Indischer Ozean

Tasmanien

VORBEMERKUNG

Cairns, die Stadt im tropischen Nordosten Australiens, liegt eingebettet zwischen den sanften Wellen des Pazifischen Ozeans und den typischen grünen Zuckerrohrfeldern des Nordens. Im Vergleich zu den Millionenstädten Sydney oder Melbourne ist Cairns mit seinen 130 000 Einwohnern eine größere Provinzstadt. Stress und Hektik sind hier noch nicht angekommen – oder sie wurden mit dem letzten Wirbelsturm ausgetrieben. In Cairns hat es mir während der vielen Reisen, die ich in Australien unternommen habe, immer gefallen. Die Idee, diese Stadt zu meinem »Basislager« zu machen, lag also nahe.

Seit 2004 wohnen meine Frau Renate und ich hier. Zuerst war unser Heim ein kleines Häuschen im Stadtzentrum. Renate arbeitete als Krankenpflegerin in dem 4000 Seelen zählenden Yarrabah, einem Dorf der Ureinwohner. Bedingt durch Renates Arbeit, entschlossen wir uns vier Jahre später, nach Gordonvale zwanzig Kilometer südlich des Stadtzentrums zu ziehen. Gordonvale ist Cairns' erster Vorort, wenn man aus dem Süden kommt. Die Ortschaft liegt mitten in den Zuckerrohrplantagen und am Rande des Regenwalds.

Es gibt kaum einen besseren Ort, von dem aus man das tropische Australien mit all seinen Schönheiten, Abenteuern und Gefahren erreichen kann. Das wunderbare Great Barrier Reef mit seinen vielen bezaubernden Inseln ist mit dem Boot nur eine Stunde von hier entfernt. Die Great Dividing Range, Australiens größter Gebirgszug, führt an Cairns vorbei und bildet eine natürliche Trennlinie zwischen dem Ozean, der Savanne des australischen Outback und den Wüstengebieten des Kontinents. Erloschene Vulkane, Kraterseen sowie eine einzigartige Flora und Fauna tragen dazu bei, dass wir uns in der tropischen Wärme einen angenehmen und auch einigermaßen unkomplizierten Lebensstil zur Gewohnheit gemacht haben.

Bereits bevor wir Südtirol, das Land der hohen Berge und tiefen Täler, verließen, um unsere Zelte in Australien aufzuschlagen, hatte ich hier viele Fahrradtouren unternommen und somit auch Tausende Fahrradkilometer in diesem herrlichen Land zurückgelegt. Seit wir in Australien leben, sind natürlich noch einige Touren hinzugekommen. Das Land ist groß, und es gibt sehr viel zu sehen und zu erfahren. Ich habe jahrelang die Wüsten und Dschungelgebiete Afrikas, Asiens und Australiens zu meiner zweiten Heimat gemacht. Ich war und bin immer noch draußen daheim, denn da fühle ich mich gefordert. Zu Hause ist es schön und komfortabel, aber die tägliche Herausforderung bleibt dabei natürlich auf der Strecke. Kühlschrank auf, Tiefkühler zu, Herdplatte aus,

Klimaanlage an. Das Haus wird mit Musik berieselt, und die Gartensprinkler habe ich auf einen genauen Zeitpunkt eingestellt. Die Solaranlage auf dem Dach speichert die Energie der Sonne, und alles funktioniert einwandfrei. Es ist phantastisch, diesen Komfort zu genießen. Solange der Strom zu den Steckdosen transportiert wird, ist es tatsächlich ein Leben im Paradies. Aber wehe, wenn der Saft einmal abgedreht werden würde!

Draußen im Outback, wo der Wind meine Haare zerzaust und die Sonne die Haut erbarmungslos verbrennt, habe ich ganz andere Karten in der Hand. Dort, im größten und staubigsten Wohnzimmer der Welt, gibt es keine Knöpfe zu drücken und keine Schalter zu betätigen. Die Natur hat ihre eigenen Richtlinien und Gesetze. In den Dschungelgebieten, den Bergen und in den Wüsten der Erde heißt es sich anpassen und einordnen. Selbst trotz bester Vorbereitung und mit vielen Jahren Erfahrung passiert es immer wieder, dass Menschen dort ihr Leben verlieren. Das Outback ist kein Kinderzimmer und keine Spielwiese. Es entschuldigt keine Fehlentscheidungen.

Was Sie in diesem Buch lesen werden, soll Lust darauf machen, sich selbst zu erleben mit dem Fahrrad. Radfahren im australischen Outback ist sicherlich nicht jedermanns Sache und soll es auch nie werden. Auf der roten Erde des Outback das Zelt aufzuschlagen, am Feuer zu sitzen und den einzigartigen Sternenhimmel zu bewundern, das sind Momente, in denen mir immer wieder bewusst wird, wie unwichtig die uns so wesentlich erscheinenden Dinge des Lebens sind. Die Uhr, das Handy, die Flimmerkiste, das Auto und so vieles mehr sind in diesen Momenten überhaupt nicht mehr gefragt. Ich lebe plötzlich umgeben von Natur pur. Jeder Schrei bleibt unbeantwortet, und jeder Gedanke zerrinnt in der nächtlichen Finsternis.

Ich bin allein in der Natur, mit der Natur. Ein Privileg, das ich mir nicht gekauft, sondern erarbeitet habe. Dieses Privileg möchte ich mir erhalten, und es ist mir sehr wohl bewusst, dass ich es nicht mit dem Zücken der Kreditkarte behalten kann. Die Freiheit zu besitzen, dahin aufzubrechen, wohin ich möchte, ist ein Geschenk vieler kleiner und großer Ereignisse. Meine Aufgabe ist es, dieses Geschenk zu respektieren und behutsam damit umzugehen. Fahrrad-Tourenfahrer sind umwelt- und umfeldbewusste Menschen. Und wenn sie es zu Beginn der Reise nicht sind, haben sie immer noch die Möglichkeit, unterwegs an den Knöpfen der Besinnung zu drehen, bis es »klick!« macht. Oft braucht es gar nicht lange. Da draußen wird man plötzlich erfinderisch, und man entdeckt wieder den Pfad zu den einfachen und schönen Dingen des Lebens.

In diesem Sinne wünsche ich Ihnen viel Freude beim Lesen meiner großen und auch kleineren Touren durch das australische Outback.

Tilmann Waldthaler
Cairns-Gordonvale 2014

KAPITEL 1

Aller guten Dinge sind drei

In keinem Land der Erde habe ich mit dem Fahrrad mehr Kilometer zurückgelegt als in Australien. Zu Beginn meiner Fahrradtouren in den Siebzigerjahren bin ich dabei schnell an meine Grenzen gestoßen.

Es gab sehr viel Neues, was ich während der ersten Touren erst einmal lernen und verarbeiten musste. Zum einen hatte ich überhaupt keine oder nur ganz wenig Erfahrung darin, mit dem Fahrrad zu reisen. Zum anderen hatte ich zwar einen technisch sehr ausgeklügelten Randonneur (ein Langstreckenrad), doch waren die Straßen, Pisten und Wege in Australien für mein Edelrad absolut ungeeignet.

Erst in den Achtzigerjahren, als Mountainbikes über alle Berge und durch jedes Tal getreten, getragen und geschoben wurden, gelang es mir, abseits der Asphaltstraßen das wahre Outback mit dem Fahrrad zu erkunden. Als ich zu der Zeit meine ersten Mountainbike-Reiseführer für Südtirol schrieb, war meine Euphorie für diesen neuen Typ Rad für andere wohl nur schwer auszuhalten. 1990 war es dann so weit, und ich fuhr tatsächlich mit einem neuen »Mountainbike-Reiserad« entlang dem Äquator einmal um den Erdball. Während dieser Reise habe ich die Vorteile des Mountainbikes entdeckt, und ich habe seither nie wieder auf einem klassischen Randonneur gesessen. Während meiner Radreisen, die ich in sechsunddreißig Jahren auf allen Kontinenten und in vielen Ländern der Erde unternommen habe, bin ich immer wieder zu einer Fahrradtour in Australien aufgebrochen. Irgendwie seltsam und doch einfach zu erklären.

Australien ist ein abenteuerlicher Kontinent, und es kann dort sehr gefährlich werden. Wirbelstürme in den Tropen haben erbarmungslos Städte und Dörfer zerfetzt. Überschwemmungen haben zu katastrophalen Zuständen an den Küstengebieten und im Landesinneren geführt.

Viele Menschen sind Brandkatastrophen zum Opfer gefallen. Die Flammen haben Waldbestände vernichtet und enormes Leid verursacht. Schlangen, Spinnen, Krokodile, Haifische und Rochen sind gefährliche Kreaturen, von denen man am besten Abstand hält. Eines der größten Probleme aber ist die immer wieder auftretende Dürre. Die Gefahren beschränken sich ja nicht nur auf die tropischen Gebiete des Kontinents, sie sind vielmehr immer und überall vorhanden und können jederzeit und urplötzlich auftreten. Für Abenteurer ist es ein absolutes Paradies, sich da mittendrin tummeln zu dürfen.

Vermutlich ist es gerade diese Ungewissheit, die mich immer wieder nach Australien zog. Während meiner

Touren in diesem herrlichen Abenteuerland habe ich Wirbelstürme und Waldbrände erlebt. Ich habe Fahrradtouren unter- und abgebrochen – und dabei wunderbare Menschen getroffen. Und ich habe Abenteuer vom Feinsten erlebt und auch meine innere Ruhe gefunden. In der Ruhe liegt die Kraft für weitere Taten, die in Australien sehr oft mit viel Energie und Ausdauer verbunden sind. Radfahren im Outback ist eine spezielle Herausforderung. Jede Tour durch dieses riesige Gebiet muss recherchiert werden. Die Ortschaften liegen oft sehr weit voneinander entfernt, und dazwischen gibt es außer Natur pur wenig zu sehen und nichts zu bekommen. Tourenfahren im australischen Outback kann man vielleicht mit einer Reise nach innen vergleichen.

Die Fahrradtour wird dann zur Meditation, wenn sich im Umfeld wenig ereignet und die Gedanken sich sammeln und ordnen können. In diesem Buch werden nicht nur Reiserouten beschrieben. Ich möchte dem Leser auch die Angst vor dem Ungewissen nehmen und ihm Mut für eine Fahrradtour im australischen Outback machen. Die Begegnungen mit Menschen sind meist spontan, und ihre Beschreibungen zeigen, so hoffe ich, sehr viel australischen Humor und Charme. In diesem Sinne viel Freude beim Lesen des Buches. Füllen Sie die Packtaschen nicht nur mit Nahrungsmitteln und Klamotten. Denken Sie daran, die Angst zu Hause zu lassen. Wo noch ein bisschen Platz in den Taschen vorhanden ist, stopfen Sie bitte keinen Schokoriegel rein, der wird in der australischen Sonne ohnehin schmelzen. Füllen Sie diese kleine Lücke mit Mut, der wird in Australien sicherlich nicht fehl am Platz sein.

Ein Wort zur Vorbereitung

Egal, ob man eine kleine, große, kurze oder lange Fahrradtour unternimmt, ausschlaggebend für das Gelingen sind immer drei wichtige Faktoren: die technische Ausrüstung, die körperliche und geistige Vorbereitung und die Bereitschaft, Abenteuer auch akzeptieren zu können. Ohne jetzt die technische Ausrüstung im Detail zu beschreiben, sei doch der Hinweis auf die Binsenweisheit erlaubt, dass ein technisch einwandfreies Fahrrad die Basis einer derartigen Tour ist.

Hat man in die Ausrüstung viel Geld investiert, kann man davon ausgehen, unterwegs weniger technische Probleme zu haben als mit einem billigen Fahrrad. Das soll aber nicht heißen, dass alles auch glattgeht. Sobald man ein technisches Gerät gekauft hat, hat man auch ein mögliches technisches Problem miterworben. Die »Titanic« war »unsinkbar« und ist doch jämmerlich abgesackt. Spaceshuttles wurden mit der besten Technik ausgestattet und von unwahrscheinlich klugen Köpfen entwickelt, sind aber trotzdem abgestürzt. Also ist es theoretisch auch möglich, dass ein Fahrrad unterwegs »den Geist aufgibt«. Auch gute Ausrüstung wie Taschen, Zelt und Bekleidung sind für die Tour sehr wichtig.

Draußen im 24-Stunden-Takt zu leben hat man sich in der Vorbereitungsphase sehr oft ganz anders vorgestellt. Während der Tour realisiert man nicht nur seine Träume, sondern schließt auch Freundschaft mit beinharten Erfahrungen. Das Negative und das Positive liegen so eng beisammen wie Feuer und Wasser, Regen und Sonne, Gegen- und Rückenwind. Diese Erfahrungen bringen einen zum Nachdenken. Es hilft, sich selbst zu verstehen, sich selbst zu akzeptieren, sich selbst besser kennenzulernen und, ganz wichtig, sich selbst trotzdem zu mögen.

Die Kompromissbereitschaft sich selbst gegenüber in schwierigen Situationen ist äußerst wichtig. Man fährt los, um Abenteuer zu erleben. Meist braucht man das Abenteuer nicht zu suchen, denn es kommt pfeilgerade auf einen zu. Das schönste Abenteuer passiert im Kopf, im Inneren des Körpers. Die Erfahrung, sich selbst zu verstehen und sich selbst in dieser neuen Situation zu akzeptieren und zu mögen, das ist das schönste Abenteuer überhaupt. Die Fahrt, die Landschaftsbilder und die Begegnungen mit den Menschen sind die angenehmen Seiten, die uns lange in Erinnerung bleiben. Die richtige Dosierung von allem trägt dazu bei, die Reise zu genießen.

Ist man am Ziel angekommen und gelangt rückblickend zu der Einsicht, dass die Tour die schönste Sache war, die man je unternommen hat, sollten die Alarmglocken schrillen, denn spätestens dann besteht Fernwehgefahr.

KAPITEL 2

Der zweite Versuch

Wie so oft im Leben sind auch bei mir so mancher Traum und so manche Reise nicht optimal verlaufen oder, im schlimmsten Fall, gar nicht erst zustande gekommen. Zweimal habe ich den Savannah Way und die Gibb River Road in Angriff genommen, und beide Male musste ich das Fahrrad bei den Hörnern packen und einen Rückzieher in Kauf nehmen. Das erste Mal, 1978, hatte ich die falsche Ausrüstung, um diese Tour und die Strecke zu bewältigen. Das zweite Mal, 2011, hatte ich die perfekte Ausrüstung, doch das Wetter hat mich von meinem Vorhaben abgehalten. Eine enorme Hitzewelle mit Temperaturen bis zu 48 Grad, verbunden mit tropischen Regengüssen kurz vor der eigentlichen Regenzeit, führte zu Straßensperren. Ich kam schlicht nicht mehr weiter.

Die Regenzeit im Norden Australiens beginnt um die Weihnachtszeit und hält bis Ende April an. In diesem Zeitraum sind viele Straßen im Outback gesperrt oder nur sehr schwer passierbar. Radfahren kann dann sehr abenteuerlich werden. Mein Plan war es, an der Westküste in Broome zu starten und Richtung Osten bis nach Kununurra zu fahren, um den ersten Teil der Tour auf der meist ungeteerten Gibb River Road noch rechtzeitig hinter mich bringen zu können. Das hat dann aber leider nicht geklappt. Die Straße wurde gesperrt, an ein Durchkommen war nicht mehr zu denken. Die kleinen Bäche verwandelten sich in reißende und breite Flüsse. Der Wasserstand kann während derartiger Situationen bis zu zehn Meter ansteigen. Die meisten Zeltplätze sind während der Regenzeit ohnehin geschlossen. Die Zeit, diese Tour doch noch durchzuführen, war sehr knapp bemessen. Die Entscheidung lag bei mir.

Doch manchmal muss man ein Risiko in Kauf nehmen. Die Ausrüstung und das Tourenrad waren für den Flug nach Broome verpackt. Alle Vorbereitungen waren getroffen, und meine Frau brachte mich zum Flughafen in Cairns. Kurz nach dem Abheben legte sich das Flugzeug in eine Linkskurve und flog über die wunderbaren Inseln, die wie funkelnde Opale in der Coral Sea, dem Korallenmeer, an der Küste Australiens glitzerten. Die Boeing 737 rüttelte durch ein Wolkenband, und nach kurzen Turbulenzen waren wir unterwegs in Richtung Westaustralien.

Broome ist eine besondere Kleinstadt an der nördlichen Küste Westaustraliens. Ende des 19. Jahrhunderts galt sie als »Perlenhauptstadt der Südhalbkugel«. 5000 neue Siedler, meist Chinesen, zogen in die Stadt und arbeiteten in der Perlenfischerei. 80 Prozent des weltweiten Bedarfs kamen damals aus Broome. Mit dem Aufkommen der Zuchtperlen verlor die Küstenstadt jedoch massiv an Bedeutung.

Für mich war der Ort am Indischen Ozean nichts Neues. Broome hatte ich bereits während anderer Fahrradtouren besucht. Aber lange konnte ich mich dort sowieso nicht aufhalten, wenn ich die Tour schaffen wollte.

Mein Aufenthalt in Broome dauerte gerade mal bis zum nächsten Morgen. Ich wollte keine Zeit vergeuden und nahm mir vor, am nächsten Morgen um sechs Uhr auf dem Fahrrad zu sitzen, um die ersten 220 Kilometer in Richtung Derby zu strampeln. Der Regen, begleitet von starkem Wind, hämmerte während der Nacht auf die Außenwand meines Zeltes. In meinen Gedanken formten sich bereits erste Katastrophenbilder. Kino im Kopf, und das alles bei freiem Eintritt. Gegen vier Uhr morgens hörte es endlich auf zu regnen, und ich machte mich auf. Etwas später als geplant rollte ich bei wolkenlosem Himmel auf dem Great Northern Highway in Richtung Derby.

Broome liegt an der Roebuck Bay nördlich der Great Sandy Desert, der großen Sandwüste. Eine breite, gut ausgebaute Asphaltstraße führt durch eine typische Outback-Landschaft. Um diese Jahreszeit sollte es trocken sein. Das lange Gras schimmert zwischen den robusten Boabs, der australischen Variante der afrikanischen Baobabs, auch Flaschenbäume genannt

Nach den ersten 45 Kilometern mache ich eine kurze Pause im »Roebuck Plains Roadhouse«. In Australien ist ein »Roadhouse« nicht nur eine Tankstelle, sondern zugleich ein kleiner Supermarkt, wo man sich auf Reisen mit allem Notwendigen eindecken kann. Und es ist noch viel mehr: Je nach Größe und Lage gehört auch ein kleines Restaurant dazu, eine Autowerkstatt, eine Post oder eine Bank, ja manchmal sogar eine Schule für die Kinder des Besitzers. Viele haben auch einen kleinen Campingplatz oder eine Zimmervermietung, hin und wieder gibt es sogar Landemöglichkeiten für Kleinflugzeuge und Hubschrauber. Als Radfahrer erscheint einem solch eine Versorgungsstation nach einer einsamen, oft mehrere Tage dauernden Etappe zwischen Himmel und Erde wie eine Rettungsinsel.

In all den Jahren meiner Fahrradtouren habe ich mich daran gewöhnt, in den heißen Regionen die kühlen Morgenstunden des Tages zu nutzen, um größere Distanzen zurückzulegen. Es ist angenehm, zu dieser Tageszeit unterwegs zu sein. Später ist es meist viel zu warm, und in den Savannen und Wüstengebieten kommt sehr oft ein unangenehmer Wind auf.

Es ist neun Uhr, und das Thermometer steht bereits bei 28 Grad. Mit jeder Stunde wird es um einige Grade heißer. Gestern stieg die Temperatur bis auf 38 Grad. Heute wird es sehr heiß werden. Der Asphalt staut die Hitze, und man kann den Teer riechen. Es ist ein ekliger Geruch. Ich hoffe immer, dass es in derartigen Situationen ein gutes Lüftchen gibt, das den Gestank vertreibt.

Nachdem ich meine Wasserbehälter am »Roebuck Plains Roadhouse« aufgefüllt habe, rolle ich weiter in die

Savanne. Meine Befürchtungen, dass es glühend heiß werden wird, scheinen zuzutreffen.

Um ein Uhr mittags geht nichts mehr. Ein heftiger Gegenwind bläst mir um die Ohren, und die Temperatur ist in der Zwischenzeit auf 41 Grad gestiegen. Schatten zu finden ist gar nicht so einfach, denn selbst dort ist der Boden sehr heiß. Ich finde einen größeren schattigen Platz und breite mein Zelt und die Matte aus, um der Tageshitze zu entkommen. Mit einem mit Wasser angefeuchteten Tuch kühle ich meinen Oberkörper, was sich sehr angenehm anfühlt. Ab drei Uhr wird es etwas kühler, und ich fahre noch einige Kilometer. Die Tagesdistanz von 75 Kilometern liegt weit unter meinem durchschnittlichen Tagesniveau. Ich frage mich, was da wohl schiefgelaufen ist.

Kurz vor Einbruch der Dunkelheit suche ich einen Platz, um mein Zelt für die Nacht aufzustellen. In Australien ist dies kein Problem, denn es gibt viele große und kleine Plätze etwas abseits der Straße, die sich als Nachtquartier eignen. Schnell ist das Zelt aufgebaut und etwas Holz gesammelt. Ein kleines Feuerchen hält die lästigen Fliegen und Stechmücken fern und trägt zum Wohlgefühl draußen im Nichts und in der unglaublichen Stille bei. Die Temperatur ist auf angenehme 25 Grad gesunken.

Das Holz hat sich in der Zwischenzeit zu einem Häufchen roter Glut reduziert, und ich bereite mir ein Essen zu. Als gelernter Koch und Konditor kann ich mit einfachen Nahrungsmitteln vielleicht ein bisschen schmackhafter kochen als andere Reiseradler, und dies ist nach einem langen Tag ein Vorteil. Heute gibt es aber nur Haferflocken mit frischem Obst, das ich in Broome gekauft habe. Um halb sieben Uhr ist es bereits stockfinster. Ich sitze am Feuerchen und lasse meine Gedanken zurückschweifen über den soeben erlebten ersten Tag meiner Tour.

Die Straße ist etwa 500 Meter von meinem Zeltplatz entfernt. Abends und in der Nacht gibt es im Outback wenig Verkehr, und dennoch höre ich plötzlich ein Motorengeräusch, das immer lauter wird. Der Lärm stammt aber nicht von der Straße, sondern direkt aus der anderen Richtung. Durch das Gebüsch sehe ich Autolichter auf mich zukommen, die immer größer werden, und dann hält mit einem Mal ein Wagen neben meinem Zelt. Mit der Stirnlampe leuchte ich den Fahrer und seinen Passagier an. Zwei Aborigines gucken mit großen Augen auf mein Zeltlager. Zwischen den beiden sitzt ein Hund.

»Machste bisschen Pause?«, rufen sie mir in australischem Slang zu.

»Es war sehr heiß und windig heute. Bin nicht sehr weit gekommen«, antworte ich.

»Morgen soll es noch heißer werden«, so die beiden.

Während unseres Gesprächs ist der Hund schon lange aus dem Auto gesprungen und beschnuppert mein Fahrrad. Ich hoffe, dass es ein Weibchen ist, denn damit wäre das Problem des Beinchenhebens und Auf-den-Rahmen-Pinkelns schon mal gelöst.

»Wir kommen von der Farm da unten und fahren nach Broome, paar Bierchen holen!«

Mit einem freundlichen »see ya« verschwinden die beiden samt ihrem Auto in einer Staubwolke.

Paar Bierchen holen in Broome? Donnerwetter, das sind hin und zurück ja rund 150 Kilometer. Man muss natürlich auch wissen, dass ein paar Bierchen in Australien nicht zwei Dosen oder Flaschen sind, sondern Schachteln aus Pappe, die entweder 24 oder 48 Bierchen in Dosen fassen.

Schmunzelnd decke ich die Glut mit Sand zu, denn es könnte windig werden. Große Feuerkatastrophen, bei denen viele Menschen und Tiere umgekommen sind und die enorme Sachschäden verursachten, sind häufig durch Unachtsamkeit entstanden. Im Outback sollte man mit Feuer und offenen Feuerstellen sehr achtsam umgehen.

Kookaburras und Krokodile

In der Zwischenzeit ist es kurz vor acht Uhr abends, und es wird Zeit für den Schlafsack. Der Boden wurde den ganzen Tag von der Sonne bestrahlt und ist jetzt immer noch warm. Spinnen, Schlangen und lästige Ameisen krabbeln, kriechen und zwicken nachts gern an Menschen, die am Boden schlafen. Mein Zelt aber ist eine wasserdichte und insektensichere Konstruktion, und ich fühle mich sehr wohl. Nach 75 Kilometer Hitze und Gegenwind werde ich gut schlafen. Im Outback schlafe ich nie so tief und fest wie in meinem Bett zu Hause. Ich bin nicht ängstlich, aber ein gewisser Respekt vor der Natur ist in einer fremden Umgebung angebracht. Dingos, diese australischen Wildhunde, sind neugierig und kommen manchmal ganz nahe ans Zelt heran, sind aber generell ungefährlich.

Durch das Fliegennetz im Zelt beobachte ich den unglaublich schönen Sternenhimmel. Das Kreuz des Südens hängt etwas schräg. Australien kann so schön sein. Meine Augen sind müde und fallen mir zu.

Ich erwache von dem lauten Geschrei zweier Kookaburras, der auch unter dem Namen »Lachender Hans« bekannten Eisvogelart. Der Himmel leuchtet bereits in einem zarten Blau. Es ist immer ein Gefühl der Erleichterung, wenn ich am Morgen aufwache und eine ruhige Nacht verbracht habe. Während der vielen Jahre, die ich in der freien Natur in meinem Zelt schlief, erlebte ich auch genug unangenehme Situationen. Ich erinnere mich zum Beispiel an ein Erlebnis in Afrika, als Affen während der Nacht meine Taschen am Fahrrad durchsuchten und den Inhalt in weitem Bogen verstreuten. Ich hatte nicht damit gerechnet, dass sich Affen so nahe an Menschen heranwagen würden.

In Kenia hatte ich einige Schreckminuten zu überstehen, als ich im Zelt lag und hörte, wie jemand daneben Grasbüschel aus dem Boden rupfte. Neugierig öffnete ich den Reißverschluss, um zu sehen, was los war. Einem Herzstillstand nahe, musste ich feststellen, dass ich mein Lager auf dem Weideplatz einer Elefantenherde aufgeschlagen hatte und die Tiere rund um mein Zelt das Gras ausrupften und fraßen. Mit Herzrasen und mucksmäuschenstill harrte ich im Zelt aus, bis die fünfzehn Tiere weitergezogen waren.

Zurück nach Australien. Morgens muss alles ziemlich schnell gehen. Ich beginne den neuen Tag gewöhnlich mit einer Tasse Kaffee, die ich während des Zusammenpackens trinke. Als ich aber heute aus dem Zelt krabble, sehe ich auf meinem Gepäckträger zwei Dosen Bier. Daneben liegt ein Zettel mit dem Hinweis »For your thirst«. Also sind die Jungs in der Nacht hierher zurückgekommen und haben sich diesen netten kleinen Scherz erlaubt. So typisch und so herrlich australisch! Ich muss wie ein Bär geschlafen haben, denn ich habe kein Auto gehört und auch keinen Hund.

Beim Zusammenpacken und Kaffeeschlürfen lausche ich dem Wetterbericht aus meinem kleinen Radio. Leider keine guten Nachrichten. Hitzewelle mit anschließendem Regen und möglichem Wirbelsturm. Ja, so ist es. Nüchterne Fakten zum Frühstück. Gleich zeigt sich die Sonne, und es wird richtig heiß werden. Bis neun Uhr klettert das Thermometer auf dreißig Grad, Tendenz steigend. Zum »Willare Bridge Roadhouse« sind es noch 100 Kilometer. Dies ist die ungefähre Tagesdistanz, die ich schaffe.

Heute aber ist alles anders. Ich spüre eine innere Unzufriedenheit wegen der Wettersituation. Wenn es längere Zeit regnet, werden Teile der Gibb River Road geschlossen. Für mich als Radfahrer würde dies das Aus der Tour bedeuten. Die Flüsse würden anschwellen, und ein Durchkommen wäre unmöglich.

Mit dem Wasser kommen auch die Krokodile. In den nördlichen Regionen Australiens leben so einige dieser Monster. Das größte Krokodil Australiens wurde in Normanton mit 8,63 Metern gemessen. Ein 2,50 Meter langes Saltwater- oder Estuarine-Krokodil kann aber auch schon erheblichen Schaden anrichten. Ein Schnapper und eine Todesrolle des Krokodils würden reichen, um einem kleinen Radfahrer das Genick zu brechen.

In der Zwischenzeit ist die Temperatur bei 47 Grad angelangt, und ich brauche viel Flüssigkeit, denn der Gegenwind trocknet mich förmlich aus. Die Rastphasen werden immer länger und die Distanzen dazwischen immer kürzer. Keine gute Kombination zum Radfahren. Ich schleppe mich im wahrsten Sinn des Wortes auf den Campingplatz des »Willare Bridge Roadhouse« und bin sehr froh, dass ich es überhaupt bis hierher geschafft habe.

Als Erstes stelle ich mein Zelt auf und bereite mir in der »Camp Kitchen« eine Mahlzeit zu. Es ist einfach angenehm, einen Tisch und einen Wasserhahn benutzen zu können. Zudem haben diese offenen Küchen meist auch ein Dach als Sonnen- und Regenschutz, damit einem die Bohnen bei einem starken Regenguss nicht wegschwimmen. Mit ein bisschen Improvisation lassen sich auch im Outback sehr gute Gerichte zubereiten.

Wieder einmal kommt mir solch ein »Roadhouse« wie eine Oase vor. Für diejenigen, die nicht selber kochen wollen, gibt es dort Fast Food, Pommes, Sandwiches, Steaks und Kaffee. An einer Wand stehen aneinandergereiht Kühlschränke mit einer verführerischen Auswahl kalter Getränke. In einer Ecke sind Regale mit Lebensmitteln, Putzmitteln, prall gefüllten Tüten mit Hundefutter und jeder Menge Süßigkeiten. Dazu Postkarten, T-Shirts, Souvenirs und Ersatzteile für Autos – alles da.

Manche »Roadhouses« haben eine ungewöhnliche Entstehungsgeschichte. Kleinere Siedlungen, in denen mitten im Outback Zink, Kupfer oder andere Metalle gefördert wurden, werden oft genauso schnell verlassen, wie sie entstanden sind. Alles Brauchbare wird abgeschraubt, auf riesige Laster verladen und mitgenommen. Die Ortschaft selbst wird dem Schicksal überlassen. Hier und da kommt es jedoch vor, dass die Bewohner bleiben – und das, was übrig bleibt, wird in ein »Roadhouse« umgewandelt. Die kleinste Ortschaft, durch die ich in Australien gekommen bin, war Williams Creek auf dem Oodnadatta Track in South Australia. Auf dem Ortsschild war die Einwohnerzahl mit sieben Menschen angegeben. Vater, Mutter und fünf Kinder.

Während meiner Reisen beobachte ich nur zu gern Menschen und Situationen. In Australien fällt mir auf, dass Familien einen großen Aufwand betreiben, wenn sie in den Ferien verreisen. In den riesigen Autos sitzen Eltern und Kinder zwischen Gepäckstücken und rollen auf schlechten Pisten dem Urlaub entgegen. Sobald sich eine Tür öffnet, springt meist auch ein Hund aus dem Auto, und es sieht so aus, als wäre dies eine willkommene Pinkelpause für Fahrer und Hund. Auf dem Dach liegen festgezurrt die Ersatzräder, außerdem Wasser- und Benzinkanister, eine Auswahl an Schaufeln, Wagenheber und eine überdimensionale Werkzeugkiste. Ganz oben auf der grauen Plane, die über den Dachträger gespannt ist, liegt noch eine Auswahl Kinderräder.

Die Angeln, die natürlich im australischen Urlaub nicht fehlen dürfen, werden vor dem Auto an der stabilen Stoßstange befestigt. Hinter dem Auto hängt das mobile Heim, und daran sind noch zwei verstaubte Fahrräder und auf dem Gepäckträger ein Boot befestigt. Na, wenn die Leute all das benutzen, was sie dabeihaben, werden sie kaum noch Zeit fürs Ausruhen haben.

Ich bin immer wieder selbst erstaunt darüber, wie wenig Radfahrer im Vergleich zu anderen Reisenden mitschleppen. Die komplette Ausrüstung für die kleine oder große Tour bringt man als Radfahrer in sechs Taschen unter. Was nicht auf das Fahrrad passt und in den Taschen verstaut werden kann, bleibt einfach zu Hause. Bei extremen Touren durch die Wüsten der Welt zog ich manchmal einen kleinen Anhänger, in dem ich Wasser oder Nahrungsmittel untergebracht hatte. Diesmal habe ich wegen der schlechten Straßenverhältnisse auf meinen Lieblingsanhänger, den Monoporter, verzichtet. Bereits nach den ersten schrecklichen Kilometern bei hartnäckigem Gegenwind war ich froh, diese Entscheidung getroffen zu haben. Ein Anhänger, egal, wie klein, und egal, wie wenig damit transportiert wird, ist immer eine zusätzliche Belastung für den Radfahrer.

Starkregen und andere Wetterunglücke

Ich habe mich entschlossen, im »Willare Bridge Roadhouse« lediglich eine Rast zu machen und kurz vor Einbruch der Dunkelheit noch mal zwei oder drei Kilometer weiter in Richtung Derby zu fahren. Campingplätze können manchmal sehr laut werden. Das liegt an den Generatoren, die den nötigen Strom produzieren, aber auch an den anderen Gästen. Frühaufsteher beginnen bei Sonnenaufgang damit, die Türen der Autos zu öffnen und zu schließen und ihre Habseligkeiten zusammenzupacken. Reißverschlüsse an Schlafsäcken und an Zelten verursachen ein Konzert, in das sich lautes Gähnen und Vogelgezwitscher mischen. Das alles ist für mich Grund genug, mein Zelt etwas weiter entfernt vom Roadhouse aufzustellen, um eine ruhige Nacht genießen zu können.

Gegen drei Uhr morgens rüttelt der Wind an meinem Zelt, und es regnet. Ich taste nach meinem kleinen Radio, um den Wetterbericht zu hören. Und der ist nicht sehr ermutigend. Ausgiebige Regenfälle haben bereits die Küstengebiete zwischen Darwin und Broome erreicht. Beginn der Regenzeit, auch die »wet season« genannt.

Zu starken Regenfällen kommt es dann vor allem im Norden Australiens. Manchmal regnet es tagelang, was nicht nur den Boden aufweicht, sondern auch die Straßen im Outback zu schlammig-rutschigen Schlitterpisten macht. Sehr oft und sehr schnell können sich diese Gebiete in die reine Hölle verwandeln.

Die weitab der Zivilisation gelegenen kleinen Dörfer und Settlements sind manchmal für Wochen von der Außenwelt abgeschnitten. Die Straßen zu diesen Dörfern sind dann gesperrt, ein Durchkommen ist wegen der reißenden Flüsse unmöglich. Der Wasserpegel steigt in diesen Gebieten gelegentlich bis zu zehn Meter an, und die Wüste verwandelt sich in eine unüberschaubare Seenlandschaft. Kennt man das Outback als eine trockene Savannenlandschaft, erscheinen einem derartige Bilder der Wassermassen unbegreiflich.

Die großen Farmen besitzen zwischen 20 000 und 50 000 Rinder. Diese Tiere müssen in den betroffenen Gebieten vorher in Sicherheit gebracht werden, denn sonst droht ihnen ein schreckliches Schicksal. Im Jahr 2011 sind während der großen Flut viele Rinder und andere Tiere ertrunken, aber auch auf der Suche nach Futter an Erschöpfung gestorben. Wirbelstürme, verbunden mit anhaltenden Regenperioden, hatten große Teile Queenslands mit Wasser bedeckt.

Die Regenzeit ist unkalkulierbar, denn auch bei bester Planung einer Fahrradtour können sich die Straßen in wenigen Stunden in reißende Bäche verwandeln. Autofahrern wird empfohlen, bereits bei einer Wasserhöhe von dreißig Zentimetern eine Flussdurchquerung nicht mehr zu riskieren. Im Outback gibt es nämlich nicht immer Brücken. An manchen Stellen wird einfach ein drei Meter breiter Zementstreifen in das Flussbett zementiert, um dem Verkehr die Überquerung zu erleichtern. In der Regenzeit werden diese Streifen durch den Wasserdruck unterspült, was zu großen Löchern im Zement führt, die man natürlich nicht immer sieht.

Während meiner Fahrradtouren im Outback sah ich schon öfter Autos, die im Flussbett liegen geblieben waren oder in der Wüste oder der Savanne in verkohltem Zustand die Landschaft verunzierten. Das Outback kann so schön und zugleich auch erbarmungslos sein.

In der Zwischenzeit bin ich bei Regen und extrem hoher Luftfeuchtigkeit von 89 Prozent in Derby angekommen. Für die letzten 35 Kilometer habe ich eine Ewigkeit gebraucht. Starker Gegenwind und fast schon unverschämte

48 Grad haben mir den ganzen Vormittag zu schaffen gemacht. Es gibt Tage, an denen ich das Radfahren und alles, was damit zusammenhängt, verfluche. Meine Gedanken schweifen dann zurück zu jener Zeit, als ich noch Konditor war und eine neue Herausforderung suchte, die ich im Radfahren schließlich fand.

Aber wie bekommt man als 50-jähriger Konditor den Dreh hin, als Fotograf, Produkttester und Vortragsreisender zu arbeiten? Die Gesellschaft, in die ich geboren wurde, hatte mir auch die Freiheit in die Wiege gelegt, dahin aufzubrechen, wohin ich fahren wollte, und das zu probieren, worauf ich Lust hatte. Mit der Hilfe vieler mir gutgesinnter Menschen habe ich dafür sehr hart gearbeitet und konnte mich erst nach einigen Jahren finanziell damit über Wasser halten.

Seit fünfundzwanzig Jahren arbeite ich nun schon als Freiberufler und könnte und möchte meine gelernte Arbeit als Konditor nie wieder ausüben. Der übliche Trott, in Bäckereien Torten zu backen und in den Küchen Kuchen zu verzieren, in mehlverstaubten Backstuben ab drei Uhr morgens den Schneebesen zu schwingen und Plätzchen zu backen, war mir irgendwann zu stumpfsinnig geworden.

Es ist viel schöner, gesünder und vor allem umweltfreundlicher, als Radfahrer fremde Länder zu besuchen. Ich fühle mich privilegiert, andere Menschen und deren Kulturen, Bräuche und ihren Alltag miterleben zu dürfen. In solchen Situationen lerne ich auch meine eigenen

Ängste und Unsicherheiten zu bewältigen. Seit ich meinen Beruf aufgegeben habe, hat mein Leben eine neue Bedeutung erhalten. Menschen sind zu vielen Taten fähig, man muss sich nur an die neue Sache herantasten und dann den Sprung ins kalte Wasser wagen.

Im Wasser stehe ich nun buchstäblich, und zwar im Regenwasser des 5000 Seelen zählenden Ortes Derby im westaustralischen Outback. Es gibt dort ein Touristen-Informationsbüro, einen Supermarkt, eine Bank, ein Postamt und außerdem Polizei, Tankstellen, ein kleines Krankenhaus, Motels, Schulen, Kirchen, einen Caravan-Park und Fast-Food-Buden. Kleine Geschäfte und Pubs prägen das Bild.

In Australien gibt es zwar keine Affen, aber rund um Derby eine große Anzahl australischer Affenbrotbäume, die Boabs oder Bottletrees. Einer dieser Boabs, der den enormen Umfang von vierzehn Metern aufweist, wurde vor vielen Jahren mal ausgehöhlt und als Gefängniszelle genutzt.

Inzwischen hat sich der Himmel in eine graue Wolkenwand verwandelt, und der Regen wird immer stärker. Anstatt im Zelt zu übernachten, leiste ich mir den Luxus einer kleinen Hütte auf dem Campingplatz. Der Wetterbericht wird nicht besser, und jetzt gibt es die ersten Warnungen vor starken Windböen und heftigen Regengüssen. Der Regen, egal, wie stark, ist hier in Derby kein Problem, solange es keinen Wirbelsturm gibt. Meist bauen sich diese Stürme weit draußen über dem Meer auf und kommen dann mit großer Wucht auf die Küste zugerast. In den letzten Jahren sind die in Australien als Zyklone bekannten Wirbelstürme sehr heftig gewesen und haben enorme Schäden an der Küste und in den Städten hinterlassen.

1974 erlebte und überlebte ich in Darwin den Zyklon »Tracy«, der zur Weihnachtszeit die Stadt zu 70 Prozent zerstörte. Bei Windgeschwindigkeiten von bis zu 265 Stundenkilometern hielten nur die stärksten Gebäude stand. Der verheerende Sturm forderte auch 71 Totesopfer. Nach dem Wirbelsturm entwickelte sich eine katastrophale Situation. Die meisten Menschen wurden evakuiert, und ich entschloss mich kurzerhand, beim Wiederaufbau der Stadt zu helfen.

Als Koch leitete ich zuerst ein Versorgungszentrum in einer Schule. Zu meinen Aufgaben gehörte es auch, Nahrungsmittel für rund 200 Menschen zu besorgen und mithilfe von sieben Mitarbeitern zuzubereiten. Geschlafen wurde wochenlang auf Matratzen, die wir abends einfach auf den Boden legten. Meine eigenen wenigen Habseligkeiten hatte ich durch den Sturm verloren. Im wahrsten Sinn des Wortes »gone with the wind«. Bis 1977 blieb ich damals in Darwin, um meinen Beitrag beim Wiederaufbau zu leisten.

Nun sitze ich in Derby und warte, bis sich das Wetter beruhigt, doch die Wolken verkünden nichts Gutes. Der Regen wird immer heftiger, und das Wasser rinnt bereits auf beiden Seiten der breiten Straßen laut gurgelnd in die Abflusskanäle. Habe ich vielleicht doch zu viel riskiert oder den falschen Zeitpunkt erwischt?

Kann sein, doch es nützt nichts. Jetzt bin ich nun mal hier und warte auf eine Wetterbesserung. Während der Nacht stehe ich häufiger auf, um zu sehen, ob sich draußen etwas zum Besseren ändert. Leider nicht. Es regnet nach wie vor in Strömen, der Wind ist sogar stärker geworden.

Bei einer Tasse Kaffee schalte ich den Wetterkanal an und muss feststellen, dass sich ein enormes Regenband in Richtung Küste bewegt. Mein Ziel, die Gibb River Road noch vor der Regenzeit mit dem Fahrrad zu befahren, rückt jetzt in immer weitere Ferne. Wenn der Regen die 700 Kilometer lange Schotterpiste aufweicht, wird die Straße offiziell gesperrt, und dann geht gar nichts mehr. Ich bleibe noch einen Tag in Derby, um die Situation zu beobachten. Laut der Informationen, die ich im Laufe des Tages erhalte, haben einige der Versorgungsstellen entlang der Gibb River Road bereits geschlossen. Ausnahmsweise müsste ich diesmal gar nicht so viel Wasser mitschleppen, denn in den Flüssen gibt es nach den ausgiebigen Regenfällen immer reichlich davon.

Am nächsten Tag muss ich eine Entscheidung treffen. Wird die Straße gesperrt, kann ich unmöglich hier sitzen bleiben und warten, bis sie wieder geöffnet wird. Das könnte noch etliche Wochen dauern. Nach langen Regenperioden steigen die Flüsse an. Das Problem liegt nicht darin, die Strecke zwischen den Flüssen zu meistern, sondern ihre Durchquerung.

Abenteuer erleben ist eine tolle Sache und ein Privileg. Es gibt aber auch bei jedem Abenteuer bestimmte Regeln, die unbedingt eingehalten werden müssen. Jeder Abenteurer weiß, dass das Ungeheuer nicht lange auf sich warten lässt. Trotzdem will man mutig sein. Es ist wie das Salz in der Suppe. Ohne Salz schmeckt die Suppe fad, und ohne Mut kann das Leben eines Abenteurers ziemlich langweilig werden.

Ein bisschen Angst vor den Naturgewalten sollte aber jeder bei seinen Reisen dennoch im Gepäck haben. Alles andere wäre Leichtsinn. Die Knautschzone ist minimal, man darf sie nicht dem Schicksal überlassen. Dazu ist mir mein Leben zu lieb, zu spannend und zu schön, um alles in eine Waagschale zu werfen. Kein Bergsteiger kraxelt in den Bergen herum, um von einem Felsbrocken erschlagen oder von einer Lawine getötet zu werden. Kein Radfahrer unternimmt eine Tour, um von einem Auto ange- oder überfahren zu werden, aber natürlich passiert es immer wieder. Erst vor einigen Jahren wurde hier die verweste Leiche eines Radfahrers neben seinem Fahrrad gefunden. Schlangenbiss, Herzinfarkt, verdurstet? Die Todesursache ist bis heute ungeklärt.

Natürlich bin ich mir bewusst, dass das Risiko immer mitfährt. Meine Touren sind abenteuerlich genug, und ich brauche das Risiko weder zu suchen noch zu provozieren. Das Risiko ist ein Teil meines Lebens und meiner Reisen geworden.

Schweren Herzens entscheide ich mich am nächsten Tag, die geplante Tour entlang der Gibb River Road nicht fortzusetzen. Keine riskanten Manöver im Outback. Zu viele Menschen haben ihr Leben bereits im roten Sand verloren. Ich bin der Meinung, dass es Stärke braucht, um hier unter diesen Bedingungen die richtige Entscheidung zu treffen.

Ich fahre zurück zum Ausgangspunkt meiner Tour, nach Broome. Die 220 Kilometer hoffe ich in zwei Tagen abzuspulen. Mit ein bisschen Glück und Rückenwind werde ich also bald wieder bei den freundlichen Menschen im Laden von Broome Cycles sein. Ich habe bereits von Derby aus dort angerufen und den Inhaber gebeten, mir einen leeren Fahrradkarton aufzuheben. Dies, so sagte er mir am Telefon, sei überhaupt kein Problem. Wie in Australien üblich, endete das Gespräch mit den Worten: »Okay, mate, not a problem, too easy, see you soon.«

Die Fahrt zurück nach Broome könnte man als Wechselbad der Gefühle bezeichnen. Zuerst habe ich mich sehr geärgert, dass ich die Reise zum zweiten Mal abbrechen muss. Diesmal hatte ich die richtige Ausrüstung, doch das Wetter spielte nicht mit. Es ist ärgerlich, nach den Vorbereitungen und einem langen Flug von Cairns nach Broome diese Erfahrung machen zu müssen. Je länger ich über das Missgeschick nachgrüble, desto bewusster wird mir, dass ich einfach viel zu viel riskiert habe. Das Wetter kann ich nicht beeinflussen, ich hätte mich im Vorfeld einfach besser informieren müssen.

Bei meiner Ankunft in Broome bin ich wieder besser gestimmt, denn mir wird klar, dass ich die Handbremse für die Tour rechtzeitig gezogen habe. Fürchterlich hätte es enden können, wenn ich auf Teufel komm raus dem Orkan entgegengefahren wäre.

Es gibt Menschen, die alles riskieren und dann auch alles verlieren. Ich wollte diese Strecke mit dem Fahrrad befahren, weil ich wusste, dass es schwierig sein würde. Alles andere hätte mich nicht gereizt. Wenn man fünfunddreißig Jahre lang mit dem Fahrrad auf dieser wunderbaren Erdkugel unterwegs ist, will man immer ein bisschen mehr erreichen und unternehmen. Schwierige Situationen erscheinen mir nicht immer als schwierig, sondern eher als eine Herausforderung, die es zu meistern gilt. Diesmal hat es eben nicht geklappt. Die Gibb River Road wird es aber noch länger geben.

Am nächsten Tag sitze ich im Flugzeug nach Cairns. Von oben sieht das Outback aus wie eine braun gegerbte Haut. Langsam kommt Freude auf, denn in einigen Stunden werde ich zu Hause sein. Renate wird zum Flughafen kommen, um mich abzuholen. In all den Jahren, in denen ich immer wieder zu verschiedenen Reisen aufgebrochen bin, hat sie mich meist zu den Flughäfen gebracht und wieder abgeholt.

Als wir in Südtirol auf einem kleinen Bauernhof im Sarntal lebten, war die Anfahrt zu den Flughäfen mit viel Aufwand verbunden. Verona, Mailand, Innsbruck, München und Frankfurt standen damals auf meinem Abreise- und Ankunftsprogramm. Von Sarnthein nach Frankfurt waren es mindestens sechs Autostunden. Mich grauste es, während starker Schneefälle über den Brenner zu fahren oder in kilometerlangen Staus zu stecken. Die lästigen Grenzkontrollen zwischen Italien und Österreich auf dem Brennerpass wurden erst eingestellt, nachdem Österreich 1995 das Schengener Abkommen ratifiziert hatte. Ab 1997 hieß es freie Fahrt über den Brennerpass, und somit war ein großes Hindernis aus dem Weg geräumt.

Mit unserer Entscheidung, Südtirol zu verlassen und uns in Australien ein neues Nest zu bauen, hat sich für uns vieles verändert. Von unserem jetzigen Standort in Cairns zum internationalen Flughafen sind es dreißig Kilometer auf einer ebenen Straße. Es gibt weder Schnee noch Passkontrollen und auch keine Grenzbeamte, die unhöflich und mit dummen Fragen unsere Fahrt stoppen. Bei Bemerkungen wie »Na, wo foan ma denn hin?«, »Pockn's amoi des gonze Gepäck aus'm Auto aus!« oder »Wos hom's denn do ollas dabei?« musste ich mich früher immer sehr zusammennehmen. Es war ein reines Machtspiel der uniformierten Beamten auf österreichischer Seite der Grenze. Die Italiener dagegen winkten den Verkehr meist mit einer Handbewegung und einem Lächeln durch.

Doch zurück zu meiner Ankunft in Cairns. Es ist einfach schön, wieder zu Hause zu sein. Ich höre keine Fragen zur Reise und auch keine Fragen, warum ich sie abgebrochen habe. Renate weiß, dass ich mich über den Fehlschlag ärgere, und sie weiß auch, dass die Tour entlang der Gibb River Road damit nicht gestorben ist. Wenn man sich zweiunddreißig Jahre kennt, alle Höhen und Tiefen miteinander erlebt hat, dann bekommt man ein Fingerspitzengefühl füreinander. Es braucht keine großen Worte und keine langen Erklärungen. Renate lebt nicht nur ihr eigenes Leben, sondern sie erlebt auch meines, und sie kennt meine Gedanken.

Außerdem habe ich während meiner Tour von Broome nach Derby fast täglich zu Hause angerufen und meine Frau auf dem Laufenden gehalten. Früher, als die ersten Mobiltelefone noch die Größe einer Autobatterie hatten und über eine Schnur mit dem Hörer verbunden waren, hat man über die Verrückten gelacht, die glaubten, immer und überall erreichbar sein zu müssen. Heute lacht man über Menschen, die nicht immer und überall erreichbar sind.

Die soeben misslungene Tour entlang der Gibb River Road ist nach meiner Ankunft zu Hause nicht vergessen. So einen Rückschlag kann ich nicht einfach abhaken. Im Gegenteil, ich bin bereits mit meinen Gedanken auf der Suche nach einem neuen Zeitpunkt, um diese Tour nachzuholen und zum dritten Mal in Angriff zu nehmen.

Was aber ist das Faszinierende an dieser Tour? Was ist das Besondere an der Gibb River Road?

Ich brauche immer eine Herausforderung. Jede Tour muss einen bestimmten Schwierigkeitsgrad haben. Das kann die Durchquerung einer Wüste sein oder die Überquerung der höchsten Bergpässe der Welt. Es kann aber auch die Umrundung der Erdkugel sein. Bei der Savannah-Way-Tour wären es die schwierigen Streckenabschnitte zwischen Cairns in Queensland und Broome in Westaustralien gewesen und als Höhepunkt eben die Gibb River Road.

Im Jahr 2012 war es unmöglich, diese Tour noch einmal in Angriff zu nehmen. Ich hatte bereits das ganze Jahr mit anderen Arbeiten und Fahrradtouren verplant. Den nächstmöglichen Termin sah ich erst im Juni 2013.

Nun, nachdem ich die Gibb River Road Tour bereits zweimal habe abbrechen müssen, muss es beim dritten Versuch klappen.

KAPITEL 3
Endlich geht's los!

Meinen Ideen und den Vorbereitungen für einen Neustart steht nichts im Wege. Diesmal werde ich mich mit einer Tour entlang der Gibb River Road nicht zufriedengeben, es soll mehr werden. Ich will den legendären Savannah Way befahren. Er führt 4000 Kilometer durch den tropischen Regenwald im Osten Australiens bis hinüber nach Broome in Westaustralien. Phantastische Landschaftsabschnitte, Nationalparks und die Gibb River Road sollen die Krönung des dritten Versuchs werden.

Die Gefahren entlang der Strecke sind ja nichts Neues für mich. Über fünf Meter lange Estuarine-Krokodile, giftige Schlangen und Spinnen sind in diesem Landschaftsabschnitt Australiens keine Seltenheit. Wichtig ist es, als Radfahrer zu verstehen und zu akzeptieren, dass man in dieser Umgebung der Eindringling in den Lebensraum anderer Lebewesen ist. Ich muss meine Verhaltensregeln an die Situation anpassen und dementsprechende Vorsicht und Respekt walten lassen. Die vielen Kilometer, die ich mit dem Rad in Australien unterwegs war, haben mir allerdings gezeigt, dass die größte Gefahr nicht hinter den Bäumen und im Wasser lauert, sondern genau da, wo ich den ganzen Tag unterwegs bin, nämlich auf der Straße.

Alkohol am Steuer ist immer noch oder schon wieder das größte Problem im Straßenverkehr Australiens. Im Outback gibt es so gut wie keine Polizeikontrollen, und Trunkenheit am Steuer wird leider als Kavaliersdelikt betrachtet. Es herrscht praktisch freie Fahrt für Menschen, die einen über den Durst getrunken haben. Wegen der langen, einsamen Strecken kommt oft noch die Übermüdung des Fahrers hinzu. Eine weitere große Gefahr besteht in Schlaglöchern, die mit feinstem Staub zugeweht sind. Kommen alle drei Faktoren zusammen, kann eine Tour für den Autofahrer, die Insassen des Wagens und für zufällig anwesende Radfahrer einen fatalen Ausgang nehmen. Radfahren im Outback wird noch lange sehr abenteuerlich bleiben. Ich suche ja nicht ein normales Leben, denn das habe ich schon. Ich suche die Herausforderung.

Meine Frau besitzt ein wunderschönes Tourenrad mit einer relativ selten zu findenden Rohloff-Nabe. Sie hat mich mit diesem Rad während meiner Tour von Alaska nach Patagonien begleitet. Außerdem sind wir in Australien einige Kurztouren gefahren. Aufgrund ihrer Arbeit ist Renate nicht mehr so viel unterwegs wie früher, und so kommt es, dass das Fahrrad seit längerer Zeit im Haus herumsteht.

Während ich meine Ausrüstung für den dritten Versuch überprüfe, habe ich plötzlich die Idee, Renates Tourenrad für die Reise herzunehmen. Es ist so ein schönes Exemplar, und ich bin mir sicher, dass es sicherlich gern die Reise mit mir entlang des Savannah Way antreten würde. Als Renate am Abend nach Hause kommt, sind wir uns sofort einig. Das Fahrrad muss mit auf diese lange Tour von Cairns nach Broome. Schnell habe ich es am nächsten Tag kontrolliert, die Befestigungen an den Taschen ein bisschen verändert und den Sattel verstellt. Voll ausgerüstet, drehe ich eine kurze Runde. Als ich nach Hause komme, bin ich überzeugt, mit diesem Fahrrad das ideale Gefährt zu haben.

26. Juni 2013: Abfahrt in Cairns

Die Nacht auf dem Savannah Way im australischen Outback ist ruhig. Manchmal rüttelt der Wind am Zelt, und es wird mir bewusst, dass ich mal wieder auf Fahrradtour in Australien bin. Die ersten 700 Kilometer sind asphaltiert. Die kleinen Dörfer entlang der Route zwischen Cairns und Normanton sind Oasen in der Savanne und für mich als Radfahrer willkommene Zwischenstopps auf dem langen Weg hinüber nach Broome in Westaustralien.

Ein Blick zurück in die Geschichte Australiens zeigt, dass diese kleinen Dörfer im wahrsten Sinn des Wortes einst Goldgruben und blühende Städte mit Tausenden Bewohnern, mit Banken, Kirchen, Schulen, Geschäften und Hotels waren. Diese »Goldrush Days« sind natürlich lange vorbei. Monumente und bröckelnde Schmelzöfen, renovierte Gebäude und ein ständiger Touristenstrom erinnern aber heute an die harten Tage der Vergangenheit.

Es gibt sogar noch eine Eisenbahn, die man damals baute, um das Gold in den 155 Kilometer entfernten Hafen von Normanton zu transportieren und Güter vom Hafen nach Croydon in die Goldhochburg zu liefern. Heute ist dieser Zug eine touristische Attraktion. Liebevoll nennt man ihn »Blechhase«, denn damals wurde die Bahn mit einem Hasen aus Blech verglichen, der auf wackeligen Schienen durch die Savanne hüpfte.

Ein angenehmer Platz zum Übernachten sind die heißen Quellen in Innot Springs. Der Campingplatz verfügt über drei größere Becken, die mit Wasser aus heißen Quellen gefüllt sind. Das Baden in diesen Becken soll eine beruhigende Wirkung auf den Körper haben. Davon merke ich zwar nichts, empfinde den Wechsel zwischen den verschiedenen Wassertemperaturen aber doch als sehr angenehm. Ich genieße das Gefühl, wieder unterwegs zu sein, und freue mich auf mein bevorstehendes Abenteuer. Draußen in der Natur zu leben ist einfach unvergleichlich. Meine Gedanken wandern hundert Kilometer voraus zu den Undara-Lavaröhren. Dorthin werde ich morgen starten.

»Der lange Weg«

Mein Weg führt ohnehin am Undara Volcanic Nationalpark vorbei. Es wäre schade, wenn ich dort nicht Station machen und die größten Lavaröhren der Welt besuchen würde. Viele Teile dieser langen Röhren sind bereits verschüttet. Immerhin ist es 190 000 Jahre her, dass der Vulkan aktiv war und die Lavamassen durch riesige Röhren mit einem Durchmesser von bis zu zehn Metern strömten.

Die Seen in den Atherton Tablelands sind alte Krater, die damals entstanden sind. Noch heute ist der Boden dort äußerst fruchtbar, das Gebiet wird von den Einheimischen als »die Obst- und Gemüseschale des Nordens« bezeichnet. Der Name »Undara« hat seinen Ursprung in der Geschichte der Ureinwohner Australiens und heißt »Der lange Weg«.

In der Nähe der Lavaröhren gibt es einen Zeltplatz. Ich stelle mein Zelt dort auf, denn am nächsten Morgen möchte ich eine Tour mitmachen. Ich will dieses phantastische Gefühl erleben, in einer Lavaröhre spazieren zu gehen. Mit Verwunderung lerne ich, dass die Röhre insgesamt 160 Kilometer lang ist. Freilich ist nur ein geringer, höhlenförmiger Teil davon begehbar. Dort leben kleine Tiere, darunter Fledermäuse, die man im Licht einer Taschenlampe bestaunen kann. Nach meinem Höhlenbesuch entschließe ich mich, noch eine Übernachtung dranzuhängen.

Am nächsten Tag fahre ich sehr früh weiter in Richtung Croydon. Auf dem Weg dorthin durchquere ich zwei kleine Ortschaften, in denen ich meine Nahrungsmittelvorräte auffüllen kann. Dazwischen verläuft auch der Gilbert River, der zu dieser Jahreszeit oft noch Wasser führt. Das wäre kein Problem, da sich eine lange Brücke über den breiten Fluss spannt. Davor geht eine Straße rechts ab zu einer Farm, auf der Mangos angebaut werden. Weil das Flussbett ausgetrocknet ist, stelle ich mein Zelt auf einer Sandbank auf. Dagegen werden die Besitzer der Farm wohl nichts einzuwenden haben.

In einem ausgetrockneten Fluss ein Feuerchen zu machen und den Abend im Sand zu verbringen ist Abenteuer pur. Wenn die Regenzeit ausgiebige Niederschläge mit sich bringt, bilden der Gilbert River und sein Nebenfluss, der Einasleigh River, ein ausgedehntes Wasserreservoir. Leider kommt es immer seltener vor, dass die beiden Flüsse die umliegende Landschaft ausreichend mit Wasser versorgen können.

Die Landschaft ist ziemlich eintönig. Termitenhügel stehen links und rechts neben der Straße, richtig schöne Bäume gibt es nur selten. Ich liebe gerade diese langweiligen Strecken, denn sie motivieren mich zum Nachdenken, zu einer Art Meditation auf dem Fahrrad. Um zu meditieren, muss ich nicht im Lotussitz vor einer Buddhastatue hocken und tibetische Mantras zitieren. Mein SQLab-Fahrradsattel ist zudem komfortabler als der harte Zementboden. Das Fahrradfahren im australischen Outback eignet sich vielmehr hervorragend zum Nachdenken und zum Meditieren. Die Stille und der minimale Verkehr lassen im Kopf genügend Raum zum Freiträumen.

Während einer Meditation auf dem Fahrrad sitze ich ja nicht auf dem Sattel und lasse die hübsch blühenden Kräuter im kosmischen Garten von Timothy Leary Revue passieren, sondern ich denke über den Sinn und Unsinn nach, mit dem wir als Menschen täglich konfrontiert werden. Es ist auch nicht immer ein Problem, das ich zu analysieren versuche. Häufig sind es auch einfach nur Ideen, wie ich sofort oder während der Tour etwas besser machen kann.

Wasser ist natürlich ein ganz wichtiges Thema, wenn man in diesen zumeist trockenen Regionen Australiens unterwegs ist. Zu Hause ist es einfach, dort braucht man über frisches Wasser gar nicht erst nachzudenken. Das Zeug ist einfach da. Hahn auf, Hahn zu, und schwuppdiwupp sind schon wieder fünf Liter den Abfluss runtergeflossen. Die Wasserverschwendung im Haushalt ist enorm. Unterwegs komme ich mit einer Tagesration von zehn Litern aus. Warum brauche ich zu Hause mindestens das Zehnfache an einem Tag? Die Antwort kennen wir doch alle. Weil es da ist.

Ich kann mich noch erinnern, wie wir als Kinder zu Hause in der Küche zwei Wasserbehälter stehen hatten und es immer zu größeren Streitereien zwischen mir und meinen Geschwistern kam, weil wir das Wasser am Dorfbrunnen holen mussten. Wer von uns war an der Reihe, die Eimer wieder zu füllen? Nur meine älteste Schwester war groß genug, um einen vollen Eimer zu tragen. Ich als Kleinster bin aber nicht verschont geblieben und musste als Wasserträger ebenfalls meinen Teil beitragen. Der Behälter war allerdings meiner Körpergröße angepasst und natürlich viel kleiner als der Eimer, den meine Schwester schleppte.

Jetzt bin ich immer noch klein, aber etwas älter, und ich habe verstanden, wie man unterwegs mit dem Wasser umgeht. Unglaublich, wie lange ich als Radfahrer mit zwei Liter Wasser auskomme – und vor allem, was ich mit zwei Liter Wasser alles machen kann.

Der nördliche Teil Australiens liegt in den Tropen, und da schüttet es normalerweise während der Regenzeit, von November bis Mai, wie aus Kübeln. Die letzte Regenzeit war aber nicht sehr ergiebig, was dazu geführt hat, dass die Flüsse und Bäche nur wenig Wasser führen. Mir war von Anfang an bewusst, dass eines der großen Probleme während der Savannah-Way-Tour das Wasserschleppen sein würde.

Bei einem täglichen Wasserbedarf von sechs bis acht Litern plus zwei Liter eiserne Reserve versuche ich natürlich, jede Möglichkeit zu nutzen, um meine Wasserbehälter aufzufüllen. Beeindruckend ist die Hilfe der Autofahrer. Immer wieder bleiben liebe Menschen stehen und erkundigen sich bei mir, ob ich Wasser oder Nahrungsmittel bräuchte. Als Radfahrer will man natürlich unabhängig sein, doch ein kühles Getränk abzulehnen wäre fast eine Beleidigung.

Ich denke da immer auch ein bisschen an andere Radfahrer. Wenn man das freundliche Wasserangebot ablehnt, kann es ja sein, dass der Autofahrer bei einem anderen Radfahrer, ohne anzuhalten, vorbeifährt. Es ist außerdem auch aus anderen Gründen schön, wenn Autofahrer stehen bleiben, zum Beispiel habe ich dann die Chance auf ein kurzes Gespräch. Und gerade das menschliche Miteinander gehört zu den spannenden Seiten des Radfahrens. Natürlich passiert so etwas eher selten auf dem viel befahrenen Hume Highway zwischen Sydney und Melbourne. Auf den einsamen Strecken im australischen Outback ist es aber etwas ganz anderes.

In der Zwischenzeit bin ich durch Georgetown gefahren und habe dort für den nächsten Streckenabschnitt bis nach Croydon frisches Obst, Honig und Haferflocken gekauft. Die Leute in den Geschäften sind immer unglaublich freundlich und hilfsbereit.

In den kleinen Ortschaften gibt es meist einen Campingplatz, »Caravan-Park« genannt oder auch kurz »Van-Park«. Zelten kann dort allerdings sehr anstrengend werden: laute Musik, Motoren, Autotüren auf und zu, Fernseher an und Stöhnen ohne Ende. Ab zweiundzwanzig Uhr ist zwar Nachtruhe, aber wie es nun mal so ist, für manche Menschen gelten solche Regeln nicht, und wenn der Manager nicht durchgreift, kann es schon vorkommen, dass die Fete bis in die Morgenstunden anhält.

Ich zelte gern zwischen Bäumen und Büschen, wo ich morgens vom Vogelgezwitscher geweckt werde und während der Nacht manch zwickende Ameise erschlagen habe. An diesen Stellen kommen manchmal die Rinderherden mit komischen Tönen bis ans Zelt heran, um ihre Neugierde zu befriedigen. Radfahrer sind für diese Tiere seltene Gäste. Wenn sie mir zu nahe kommen, melde ich mich mit einem lauten Schrei aus dem Zelt. Wie auf Kommando rasen die Viecher dann durch die Finsternis, und das Geräusch einer stampfenden und tobenden Herde verliert sich in der Dunkelheit der Nacht. Derartige Momente sind sicherlich nicht jedermanns Sache, doch habe ich in all den Jahren meiner Reisen ganz andere und wesentlich gefährlichere Situationen erlebt.

Ich erinnere mich daran, wie ich bei einer Fahrradtour von Lusaka in Sambia nach Johannesburg in Südafrika unterwegs war. Das Landschaftsbild war ähnlich wie hier in Australien: Bäume, Sträucher und goldgelbes Gras, so weit das Auge reichte. Kleinere Rinderherden durchstreiften die Savanne auf der Suche nach Futter. Ab und zu führte die staubige Straße an wunderschönen handgefertigten afrikanischen Strohhütten vorbei. Frauen in bunten Kleidern oder in Tücher gewickelt kamen mit ihren Kindern in den Armen zum Straßenrand und versuchten mit ausgestreckter Hand, ein kleines Geschenk von mir zu erhalten oder mir zuzuwinken. Unglaublich, mit welcher Freude diese armen Menschen zusahen, wie ich an ihnen vorbeifuhr.

Natürlich konnten die Frauen nicht wissen, wie schwierig es war, mein voll beladenes Fahrrad auf dieser staubigen und sandigen Piste mit nur einer Hand zu lenken. Diese kurzen Begegnungen blieben dann meist bei einem lauten Hallo meinerseits und einem langen, ebenso lauten wie wunderbaren Lachen der Frauen. Es war sehr angenehm, durch diese Landschaft zu fahren, und ich war mir sicher, dass ich hier bei meinen Übernachtungen im Zelt keine Angst vor gefährlichen Tieren würde haben müssen. Die Rinder waren ja für die Menschen ein wichtiger Bestandteil ihres Lebensunterhalts, und die Aufgabe der Männer war es, das Vieh zu beschützen.

Ich war bereits zehn Tage in Afrika unterwegs. Die Tagesfahrt dauerte ein bisschen länger als geplant, ich fuhr bis kurz vor Einbruch der Dunkelheit durch diese herrliche Landschaft. Weit und breit kein geeigneter Platz in Sicht, um mein Zelt aufzustellen. Plötzlich erblickte ich eine kleine, sandige Fläche. Ideal fürs Zelt! So hatte ich tatsächlich noch einen guten Übernachtungsplatz in der Savanne gefunden. Ich war den ganzen Tag der Sonne ausgesetzt gewesen, und es war anstrengend gewesen, die sandige Piste zu bewältigen. An derartigen Tagen bin ich heilfroh, abends einen ruhigen Platz zu finden. Diskussionen mit fremden Menschen sind ja sehr interessant, doch manchmal will ich auch einfach nur meine Ruhe haben und die Stille genießen.

Mitten in der Nacht war dann aber Schluss mit der Ruhe. Mein Zelt krachte zusammen, und ein schwerer, zappelnder Mensch lag fürchterlich schreiend neben mir am Boden. Ein Überfall!!! Ich versuchte mich aus dem Schlafsack und dem Zelt zu befreien. Das war gar nicht so leicht in der Dunkelheit. Bis ich meine Stirnlampe gefunden hatte, war die größte Aufregung auch schon wieder vorbei. Mit wildem Geschrei und in Panik flüchtete eine Frau – vielleicht war es auch ein Mädchen – aus dem Trümmerhaufen und verschwand in der Nacht.

Ich hörte das Schreien und Heulen noch lange, bis es dann endlich im Dunkel der Nacht wieder still wurde. Schnell musste ich mich entscheiden, was jetzt am besten zu tun war. Zuerst wollte ich aber wissen, was hier eigentlich passiert war. Wurde ich beobachtet? Oder war es reiner Zufall, dass jemand während der Nachtstunden an meinem Zelt vorbeikam? Es war merkwürdig und beängstigend. Zum Glück war ich nicht verletzt worden.

Mit der Taschenlampe suchte ich das Gebiet rund um mein Zelt ab und stellte fest, dass ich es auf einem unscheinbaren Trampelpfad aufgestellt hatte, den ich nicht als solchen erkannt hatte. Die Frau war vermutlich auf dem Weg nach Hause gewesen, hatte das Zelt nicht gesehen und es vielleicht für eine Falle gehalten.

In meinem Kopf spielten sich die wildesten Szenen ab. Was würde passieren, wenn die Frau nun im Dorf erzählte, dass sie überfallen oder gar geschlagen worden sei? In diesem Fall würden die Dorfbewohner mich, bewaffnet mit Macheten und Knüppeln, durch die Savanne jagen. Sie hätten dabei den Vorteil, dass sie die Umgebung kannten und auch meinen Übernachtungsplatz schnell finden würden. Ich war der Fremde, der jetzt ganz schnell eine Entscheidung treffen musste.

Meine Optionen waren begrenzt. Abhauen oder bleiben? Ich entschloss mich, die Flucht zu ergreifen. Schnell hatte ich im Licht der Stirnlampe meine Sachen zusammengepackt. Ich schob das Fahrrad zur Straße, setzte mich drauf und fuhr los.

Die negativen Gedanken zogen aber weiter im Kopf ihre Kreise. Falls die »Schlägertruppe« tatsächlich meinen Zeltplatz ansteuern würde und ich bereits das Weite gesucht hätte, was dann? Sie würden ganz schnell an meinen Fahrradspuren und den Abdrücken meiner Schuhsohlen erkennen, in welche Richtung ich abgehauen war.

Auf der Straße lagen viele Steine, es gab versandete Stellen und tiefe Schlaglöcher. Dazu gesellte sich der Gedanke, mit der Angst im Nacken bis ins Morgenlicht fahren zu müssen. Die Uhr an meinem Fahrradcomputer zeigte kurz vor vier. Die schlechten Straßenverhältnisse erforderten meine Konzentration, und das war gut so. Langsam lösten sich meine Gedanken von der schrecklichen Nacht mit dem, was passiert war, und der Angst, was noch kommen könnte. Vergessen habe ich diese Situation jedoch nie. Jetzt, während meiner Tour entlang des Savannah Way in Australien, werde ich wieder daran erinnert. Ich möchte Vergangenes nicht vergessen, sondern aus den erlebten Situationen lernen.

Frei und ungebunden

Am späten Nachmittag erreiche ich die Brücke, die über den Gilbert River führt. In unmittelbarer Nähe steht einer dieser riesigen Road Trains, die es nur in Australien gibt. Vierzig, fünfzig Meter lange Laster, die für die Versorgung entlegener Gebiete unabdingbar sind. Der Motor läuft, und der Fahrer ist damit beschäftigt, seinen »Brummi« zu kontrollieren. Er geht einmal rundherum und kontrolliert mit einem Stock den Reifendruck, indem er damit auf die riesigen Räder schlägt. Diese

Männer haben ganz besondere Fähigkeiten und wissen, wie sich ein gesunder Reifen anhören muss. Manchmal haben diese enormen Lastzüge bis zu 82 Räder auf der Straße.

Der Fahrer kontrolliert nun die Kabelanschlüsse zu den Anhängern. Nachdem er alles überprüft hat, wirft er den Stock und seine Handschuhe in eine Metallkiste, die unter der Zugmaschine montiert ist. Gleich daneben befindet sich ein 200 Liter großer Wassertank. Er dreht am Wasserhahn und wäscht sich die Hände.

Danach kommt er langsam auf mich zu. »Was du da machst, sieht aus wie harte Arbeit«, ruft er mir zu.

»Alles nicht so schlimm«, antworte ich.

»Wo fährst du denn hin?«, ist seine nächste Frage.

»Ich will nach Broome.«

Er nickt anerkennend und meint: »Das ist ganz schön weit von hier. Bis du dort bist, brauchst du ein bisschen mehr als drei Dosen Bier. Warum schmeißt du dein Bike nicht auf meinen Laster? Ich kann dich bis Tennant Creek mitnehmen!«

Verblüfft frage ich: »Tennant Creek? Das sind doch über tausend Kilometer. Außerdem fahre ich den Savannah Way und nicht den Barkly Highway, um nach Broome zu gelangen.«

Das wiederum verblüfft ihn: »Auf dieser schlechten Piste willst du bis nach Broome?«

Jetzt setze ich noch einen drauf: »Ja. Und die Gibb River Road, die will ich auch noch fahren.«

Er starrt mich an. »Das ist ein Scherz«, meint er lachend, »auf dieser Gibb River Road gibt es doch nur Verrückte!« Er dreht sich um und geht zu seinem Brummi, macht von außen den eingebauten Kühlschrank neben der Fahrertür auf, holt eine Dose Cola und zwei Mangos heraus und überreicht sie mir. »Nimm mit, das wirst du sicher brauchen. Ich wünsch dir eine gute Wellblechpiste und wenig Verkehr.«

Er klettert in die Fahrerkabine seines Road Train, dreht am Radioknopf, und zur Musik von Keith Urban verschwindet er auf der holprigen Piste zwischen Himmel und Erde im australischen Outback. Die Musik dröhnt fast so laut wie das Motorengeräusch des Lastenschleppers.

Was für eine Begegnung da draußen am Ufer des Gilbert River! So typisch australisch, so offen, so unkompliziert. Das ist auch ein Grund, warum ich das Land und die Menschen so sympathisch finde. Man hat immer einen Scherz auf den Lippen, ist immer hilfsbereit. Und immer sind die Australier überrascht, wenn jemand mit dem Fahrrad durch das Outback fährt.

Diese Begegnungen sind so schön, so motivierend und vor allem so ganz anders als die Begegnungen in Europa auf den vielen ganz hervorragend ausgebauten Fahrradwegen von Hamburg nach München oder von Innsbruck nach Salzburg. Als ich zwischen 2010 und 2012 von Norwegen nach Neuseeland fuhr, nutzte ich in Deutschland viele Fahrradwege. Ich war erstaunt, wie viele Glitzerflitzer mit allem Schnickschnack – am Körper kombiniert mit den tollsten Klamotten – an mir vorbeihuschten. Die meisten windschlüpfrigen Gestalten auf den Rennrädern hatten es furchtbar eilig. Für mich war das eine andere Welt, die nie zu meiner werden wird. Ich brauche Platz, und ich brauche Zeit. Draußen im Outback habe ich beides.

KAPITEL 4

Faszination Outback

In Australien gibt es all das, was es in anderen Ländern auch gibt, doch irgendwie ist dann doch alles ganz anders. Die Wüsten sind größer, die Parkplätze für Autos sind breiter. Die Distanzen zwischen den Ortschaften sind weiter, und die Preise im Outback sind für alles viel höher als in den Städten. Für diejenigen, denen das Geld in die Wiege gelegt wurde, ein Paradies auf Erden. Für andere wiederum ein eher luxuriöser Urlaub.

Australien mit seinem Outback ist im Vergleich zu anderen Ländern ein sicheres und angenehmes Reiseland. Natürlich gibt es auch hier immer wieder Gruselgeschichten, die lange Zeit in den Pubs erzählt werden und mit jedem Mal dramatischer klingen. Es ist aber kein Geheimnis, dass die Menschen in Australien eine abenteuerliche Vergangenheit haben.

Goldgräber und Edelsteinhändler fahren enorme Distanzen, um ihre Schätze, die sie im Outback gefunden und bearbeitet haben, zu verkaufen. Nach Wochen der Einsamkeit und harter Arbeit treffen sie in den Ortschaften endlich mal andere Menschen und erzählen denen dann oft viel zu freimütig von ihren Erfolgserlebnissen. Meist sind es aber traurige Geschichten, die ihren Ursprung häufig in schlechter Reisevorbereitung haben. Denn immer wieder kommt es vor, dass die Autos die Fahrt durch die Wüstengebiete nicht durchhalten.

Die brutale Hitze hat schon so manchen Touristen, aber auch Einheimischen ums Leben gebracht. Wehe dem, der in nur sehr schwer zugänglichen Regionen mit gesundheitlichen Problemen konfrontiert wird oder einen Unfall erleidet. Vorbereitung und Organisation entscheiden hier wirklich über Leben und Tod. So sind gutes Kartenmaterial oder ein Navigationsgerät und eine optimale technische Ausrüstung unverzichtbar.

Die »Hema-Maps«, die man in Australien bekommt, sind auch für Radfahrer empfehlenswert. Die Karten enthalten sehr gute Routenbeschreibungen mit wichtigen Angaben zu Rastplätzen und Versorgungsstellen und sind in vielen Geschäften und an Tankstellen erhältlich.

Vor allem die Wasserversorgung entlang der ausgewählten Strecken sollte man unbedingt im Vorfeld abklären, wobei neben zu wenig Wasser auch zu viel davon zum Problem werden kann, wie ich weiter oben schon berichtet habe. Während der Wintermonate, also von Mai bis November, kann es in den Wüstengebieten des Kontinents auch unangenehm kalt werden, aber es bleibt vorwiegend trocken. Die beste Zeit für Radfahrer im australischen Outback sind genau diese Wintermonate. Anschließend beginnt die Regenzeit, und da kann es sehr schwül und extrem heiß werden oder zu Wirbelstürmen und langen Regenperioden mit reißenden Wassermassen und Überflutungen kommen.

Das Outback bietet phantastische Abenteuer und einmalige Landschaften, Felsformationen, Schluchten, Nationalparks und natürlich die beeindruckenden Felsmalereien der Ureinwohner. Dadurch sollte man sich aber nicht von der nötigen Vorsicht und guten Vorbereitung ablenken lassen. Leider werden die immensen Entfernungen zwischen den Versorgungsstellen sehr oft unterschätzt oder, noch schlimmer, überhaupt nicht wahrgenommen. Autopannen im Outback können nicht nur gefährlich, sondern auch eine sehr teure Angelegenheit werden. Mechaniker und Abschleppdienste verlangen unverschämte Preise, wenn sie weit in die Wüste hinausfahren müssen.

Der Wasserpegel in den Flüssen und am Meer ist wegen der enorm hohen Flut im Norden Australiens sehr irreführend. Bei Ebbe werden einige Strände und Flüsse in eine schlammige Masse verwandelt. Mit der Flut steigt dann nicht nur das Wasser, das vom Ozean ins Landesinnere gedrückt wird, es schwimmen darin auch die »Salties«, die Salzwasserkrokodile, weit die Flüsse hinauf, um nach Nahrung zu suchen. Ein bis zu fünf Meter langes Krokodil kann eine Menge Schaden anrichten. Jedes

Jahr kommt es dabei zu grausamen Attacken. Manchmal finden regelrechte Kämpfe zwischen den Krokodilen und ihren Opfern statt, bei denen Letztere fast immer den Kürzeren ziehen.

Die endlos erscheinenden Straßen, die irgendwo hinführen und irgendwie zwischen Himmel und Erde im roten Sand des australischen Outback verschwinden, sind für das Auge anstrengend zu verfolgen. Monoton fährt man mit dem Auto entlang, ohne viel Abwechslung, doch die Aufmerksamkeit und Konzentration dürfen nicht nachlassen, kommt es doch sonst sehr leicht zu Unfällen.

Hat man jedoch verstanden, was es heißt, im australischen Outback zu leben und zu überleben, wird die Zeit dort unvergesslich sein, und man wird noch lange nach der Reise davon zehren. Das Outback kann zu einer wunderbaren Bereicherung werden. Es kann aber auch genau das Gegenteil passieren. Sich richtige und wichtige Informationen aus Büchern oder dem Internet zu holen ist deshalb unerlässlich. Wer darauf verzichtet, muss unterwegs lernen, mit den Konsequenzen zu leben. Aus dem Abenteuer kann dann leicht ein Desaster werden.

Ein etwas ungewöhnlicher Zeltplatz

Ich wäre gern vor Einbruch der Dunkelheit in Normanton angekommen, doch der Wind will nicht nachlassen, und ich habe keine Lust, meine gesamte Energie und Kraft schon jetzt zu verbrauchen. Erfahrungsgemäß fehlt mir bei derartigen Aktionen dann am nächsten Tag die notwendige Power. Dies wiederum macht sich anschließend an den Tageskilometern bemerkbar, ich falle zurück und werde unzufrieden.

Schon bei meiner allerersten Reise war das so. Nach all den Jahren und Kilometern auf dem Rad habe ich es mir jedoch zur Aufgabe gemacht, so oft wie möglich, auch wenn es noch so unwichtig erscheint, während meiner Touren etwas dazuzulernen.

Vernunft in solchen Situationen walten zu lassen kann beim Radfahren jedoch sehr schwierig sein, gerade weil ich mich in diesem Moment ausgesprochen wohlfühle. Die tägliche Leistung und die Bewegung in der Natur, das Durchatmen und der körperliche Einsatz geben mir allerdings grundsätzlich ein Gefühl der Zufriedenheit. Ich habe gelernt, meinen Körper und meinen Geist miteinander zu verbinden, um eine geschmeidige Einheit zu bilden. Ich bin nicht hin- und hergerissen, da ich meine Leistung nach meinen körperlichen Fähigkeiten ausrichte und nicht umgekehrt. Zu hoch gesteckte Erwartungen, die dann unerfüllt bleiben, führen sehr oft zu

Frustration. So etwas brauche ich nicht und will ich nicht. Es geht mir nicht um Medaillen, die ich mir um den Hals hängen kann, sondern um meine innere Zufriedenheit, basta!

Während ich, in Gedanken versunken, dahinfahre, halte ich auch Ausschau nach einem Platz, auf dem ich mein Zelt für die Nacht aufstellen könnte. Draußen im Outback, für mich »das größte Wohnzimmer der Welt«, ist es gar nicht so leicht, einen geeigneten Platz zu finden. Wenn man diese schier unendliche Fläche zur Verfügung hat, wird man wählerisch.

Schnell noch abends zwischen sechs und halb sieben den idealen Campingplatz zu finden, das ist illusorisch. Trotzdem lasse ich mich gern mal auf ein kleines mentales Spiel mit mir selbst ein mit der Annahme, dass es bestimmt einen besseren Platz geben könnte als den, der mir soeben zugesagt hat. ›Ach, komm‹, rede ich mir dann selbst zu, ›fahr noch ein bisschen weiter, vielleicht gibt es noch was Besseres.‹ Ein Stückchen weiter sehe ich am Straßenrand ein weißes Schild. Da fahr ich jetzt einfach mal hin, nur um zu sehen, was draufsteht.

»Leichhardt Lagoon« – Pfeilrichtung links. Die sandige Piste endet nach 500 Metern an einem primitiv zusammengenagelten, aus allen Fugen geratenen Gatter. Dahinter erstreckt sich ein kleiner, im Sonnenuntergang orange leuchtender See, umgeben von Eukalyptusbäumen. Ein Outback-Idyll! Kreischend kreisende Papageien versuchen auf den Bäumen einen Ast für die Nacht zu ergattern.

Gleich neben dem See lädt mich ein flaches Plätzchen geradezu ein, mein Zelt aufzustellen. Ich schiebe mein Fahrrad dorthin. Ein schiefes, einfaches Plumpsklo steht unter einem Baum etwas weiter weg. Ein Schild mahnt in großen Buchstaben: GIFTIGE SCHLANGEN UND KROKODILE LEBEN AUF DIESEM ZELTPLATZ. Genau unter diesem Schild stelle ich mein Zelt auf. Ich bin müde und schlafe die ganze Nacht hervorragend. Es war ein guter Entschluss, die 25 Kilometer nach Normanton auf den nächsten Morgen zu verschieben.

KAPITEL 5
Goldgräber und Glücksritter

Kleine Ortschaften wie Normanton haben sehr viel zu bieten, wenn man mit dem Fahrrad eine ganze Woche lang unterwegs war. Ich komme gegen acht Uhr morgens an und genieße meinen Aufenthalt vom ersten Augenblick an. Schon jetzt freue ich mich auf die Campingplatzdusche und weitere Annehmlichkeiten wie Küche, Waschmaschine und Schwimmbecken. Erst recht begeistert mich die Vorstellung, am Abend in einer Bar ein kaltes Bier zu trinken. Solche kleinen Freuden gehören zu den angenehmen Seiten des Tourenfahrens. Man trifft abenteuerliche Kerle und schnappt Geschichten über das Outback auf. Alles ziemlich stressfrei und gemütlich.

Normanton war früher eine ziemlich wichtige Hafenstadt am Norman River. Im Umfeld von Normanton, Croydon und Georgetown wurde nach Gold geschürft, und zwar mit nicht gerade wenig Erfolg. Die Nachricht über die ersten Funde verbreitete sich damals in Windeseile weit über die Region hinaus, was dazu führte, dass das Gebiet von Tausenden Menschen bevölkert wurde. Alle wollten auf irgendeine Art und Weise am Goldsegen teilhaben. Werkzeug, Schaufel, Hammer, solide Schuhe, Wasserbehälter und Nahrungsmittel wurden eiligst in Schubkarren verstaut, und die Männer zogen ins Outback, um ihr Glück mit dem Gold zu versuchen. Die in der australischen Geschichte so tief verankerten und berühmten »Goldrush Days« nahmen um 1800 ihren Anfang.

Hotels, Banken, Schulen, Kirchen, ein kleines Krankenhaus und primitive Behausungen wurden förmlich aus dem Boden gestampft. Chinesische Immigranten hatten ja schon immer ein gutes Gefühl dafür, wie und wo man Geld verdienen konnte. Es dauerte nicht lange, dann hatten sie auch hier die Versorgung im Griff. Abseits und doch in der Nähe der entstehenden Großdörfer bauten die chinesischen Arbeiter ihre Ansiedlungen. Nach chinesischer Tradition wurden Gemüsegärten angelegt und Geschäfte, Bäckereien, Transportunternehmen und chinesische Tempelanlagen errichtet.

Zwischen Croydon und Normanton wurde eine Eisenbahnlinie gebaut, um das Gestein zu den Schmelzöfen zu transportieren. Schiffe brachten Lebensmittel und wichtigen Nachschub für die Bevölkerung in den Hafen von Normanton. Die Region blühte auf, aber der Goldsegen währte nicht allzu lang. So hastig, wie sie gekommen waren, mussten die Glücksritter die Region auch wieder verlassen, um in anderen Teilen des Landes Arbeit zu finden. Geblieben sind die Denkmäler und Dokumente der »Goldrush Days«.

Fährt man heute entlang der Gulf Development Road, die ein Teil des Savannah Way ist, kommt man durch Georgetown, Croydon und Normanton. Um ein bisschen von der damaligen Geschichte in die Gegenwart zu retten, hat man diese Dörfer wiederbelebt und ihnen etwas vom alten Flair eingehaucht. So wurden in Georgetown die Grundmauern der »Chinatown« und des Tempels restauriert und mit Schildern und Bildern bestückt. Die Eisenbahnlinie von Croydon nach Normanton hat man zu einer Attraktion im Outback gemacht. Zudem findet sich der älteste »Tante-Emma-Laden« Australiens in Croydon.

Anglerglück

Normanton selbst ist heute ein 1300 Seelen zählendes Dorf. An der Hauptstraße steht das Hotel »The Purple Pub«. Für Reisende ist dieses knalllila angepinselte Haus ein obligatorischer Stopp. Wie die meisten »Pubs« in Australien hat das Hotel nicht nur die Funktion, kaltes Bier zu servieren, sondern auch einfache Zimmer zu vermieten. Pubs vermitteln auch weitreichende Informationen zu den verschiedensten täglichen Ereignissen im Dorf und in der Umgebung. So kann man an einer Infotafel im Hotel kostenlos auch seine eigenen Mitteilungen verbreiten.

Beim Lesen diverser Zettel an der Tafel bin ich immer wieder überrascht, was die Bewohner des Dorfes alles kaufen und verkaufen, mieten und vermieten, verloren oder gefunden haben. Es geht um Häuser, Boote, Autos, Motorräder, Quads, Hunde, Katzen, Möbel, Kühlschränke, Waschmaschinen bis hin zum Sonderangebot einer Bootsfahrt in den Billabongs oder, je nach Jahreszeit, zum Barramundi-Angeln in den Flüssen. Barramundi – kurz Barras – heißt ein hervorragend schmeckender Fisch, der in den tropischen Gewässern des Outback lebt und als Delikatesse gilt.

Ein Stückchen weiter entlang der Hauptstraße steht auf einem Betonsockel das »Wunder von Normanton«. Es war im Jahr 1957, als Krystina Pawloski mit ihrer Familie ein Wochenende am Ufer des Norman River verbrachte. Es war bekannt, dass man hier hervorragend schmeckende Fische fangen konnte. Die Familie übernachtete im Zelt, um am nächsten Morgen frühzeitig am Ufer zu stehen und ihr Glück beim Angeln zu versuchen. Alle waren bereits im Tiefschlaf versunken, als die Mutter, ebenjene Krystina Pawloski, vor dem Zelt ein Rascheln hörte. Dies ist im Outback nichts Ungewöhnliches, und deshalb schenkte Krystina dem Geräusch zunächst keine größere Beachtung. Erst als ein mit Wasser gefüllter Eimer mit einem heftigen Krachen umfiel, entschloss sich Krystina, nach dem Rechten zu sehen.

Sie öffnete den Zelteingang und ging mit der Taschenlampe in Richtung Wassereimer. Was sie dort fand, war ein gigantisches Krokodil. Statt in Panik zu verfallen, schnappte sich die Camperin ihr Gewehr und jagte dem Monster eine Kugel in den Kopf. Was sie zu dem Zeitpunkt noch nicht wusste: Sie hatte das mit 8,63 Metern größte Krokodil in der Jagdgeschichte Australiens erlegt. Heute steht zur Erinnerung an diese Nacht und den unglaublichen Mut dieser Frau, aber auch an die Rekordtrophäe eine Nachbildung des Krokodils an ebenjener Stelle.

Normanton war für mich ein willkommener Aufenthalt. Von hier aus führt die Straße weiter in Richtung Westen zu dem Dorf Karumba, bekannt für ausgezeichnete Garnelen, die vor Ort im Golf von Carpentaria gefangen und verarbeitet werden. Für Radfahrer wird es nun immer schwieriger. Dreißig Kilometer nach Normanton geht die Asphaltstraße in eine »Wellblechpiste« über. Die nächsten 200 Kilometer bis nach Leichhardt Falls sind der pure Horror. Es braucht gutes Sitzfleisch und einen starken Willen, um diese »Rüttel-und-Schüttel-Piste« zu bewältigen.

Verglichen mit dem, was die ersten Einwanderer hier in Australien an Strapazen durchmachten, ist das freilich gar nichts. Ihre Routen konnten sie ja erst vor Ort festlegen, Straßen gab es noch keine. Die Ureinwohner lebten als Nomaden zwischen den Felsen. Beim Vormarsch der weißen Eindringlinge in den Norden kam es zu erbitterten Kämpfen um die Herrschaft über die Gebiete, die von den Aborigines besiedelt waren. Niemand kennt die Zahl der Toten und Verletzten auf beiden Seiten, die bei dieser Konfrontation zu beklagen waren.

Im Unterschied zu mir hatten diese ersten Abenteurer allerdings einen Vorteil. Sie konnten ihre Vorräte auf Pferden und Kamelen transportieren. Ich hingegen muss alles mitschleppen. Genug zu essen mitzuführen ist nicht das größte Problem. Ich kann in den Taschen Lebensmittel für acht Tage mitnehmen. Anders sieht es mit dem Wasser aus. Bei einem Tagesbedarf von durchschnittlich sieben Litern (plus zwei Liter Reserve) komme ich schnell an die Grenzen meiner Transportmöglichkeiten.

Solange man fährt, produziert man seinen eigenen Gegenwind, der angenehm kühlend wirkt. Bleibt man jedoch stehen, ist diese kleine Erleichterung sofort weg, und der Körper erhitzt sich sehr schnell. Ich ziehe das nass geschwitzte Hemd aus und halte es mit ausgestreckten Armen in den Wind. Das Lüftchen kühlt das Material, sodass ich das Hemd wie einen erfrischenden Waschlappen nutzen kann. Ich bin immer wieder überrascht, wie man sich da draußen im Glutofen des Outback mit den einfachsten Mitteln ein bisschen Linderung verschaffen kann.

Einige Kilometer südwestlich von Normanton liegt eine Straßenkreuzung, von der aus der Savannah Way plötzlich in Richtung Westen führt. Als ich dort ankomme, nehme ich mir Zeit, um mir den geplanten Routenverlauf nochmals auf der Karte anzusehen und einzuprägen. Es wird eine lange, einsame Fahrt werden, doch das ist nichts Ungewöhnliches für mich. Sehr oft schon habe ich die Steppen und Wüstengebiete dieser Erde mit dem Fahrrad durchquert. Diese Herausforderung reizt mich immer wieder.

Nach einigen Kurven führt die staubige Piste durch Gestrüpp. Dazwischen stehen vereinzelt hochgewachsene Eukalyptusbäume. Die Luft ist klar, und ich bekomme das Gefühl, zwischen Himmel und Erde unterwegs zu sein. Spätestens jetzt bin ich im Outback angekommen. Noch einmal tief durchatmen, dann geht die Strapaze los.

Bis zur nächsten Ortschaft Burketown, wo es wieder Nachschub gibt, sind es 225 Kilometer. Keine große Distanz für einen Radfernfahrer, doch ist die Straße kein geteerter Highway, sondern eine lausige Schotterpiste mit vielen versandeten Stellen. »Jammere nicht!«, rede ich mir zu. »Setz dich aufs Bike, und tritt in die Pedale!« Aber es ist schon spät am Nachmittag, und ich habe keine richtige Lust, jetzt noch weiterzufahren.

Unendliche Weiten, von Platzmangel kann keine Rede sein, und dennoch ist es schwierig, einen geeigneten Platz für mein Zelt zu finden. Häufig stören irgendwelche Baumwurzeln beim Zeltaufbau, manchmal sind es auch Termitenhügel oder Steinbrocken, die herumliegen. Also setze ich mich auf mein Fahrrad und nehme mir vor, eben doch noch ein kleines Stückchen weiterzuradeln, um eine geeignete Stelle zu finden.

Wenn man Australien kennt, weiß man, dass die Straßenbaufirmen riesige Flächen frei machen, um ihre Geräte und Maschinen wie auch die Wasserbehälter dort zu lagern. Sehr oft sind diese Lager bereits verlassen worden, weil die Straßenbautruppe an einem anderen Teilstück arbeitet. Diese Plätze eignen sich hervorragend für eine Übernachtung im Zelt.

Nach fünfzehn Kilometern ist es so weit. Zweihundert Meter neben der Straße scheint es so eine Übernachtungsstelle zu geben. Ich ziehe meinen Lenker nach links und fahre direkt darauf zu. Hinter einem großen Schotterhaufen sehe ich einen idealen Platz, um mein Zelt aufzustellen. Eine offene Feuerstelle am Boden, viel Asche, leere Bierdosen und Plastiktüten liegen herum. Schnell habe ich aufgeräumt, den Abfall eingesammelt, Holz herbeigeschleppt und mein Zelt aufgebaut.

Die wichtigen Dinge für die Übernachtungen im Outback erledige ich immer gern vor Einbruch der Dunkelheit. Wenn die Sonne untergeht und der Tag irgendwo anders beginnt, wird es hier draußen angenehm kühl. Eine Stunde nach Sonnenuntergang ist es bereits sehr frisch, und das lodernde Feuer tut gut. Ich versuche die Flammen klein zu halten, denn sonst komme ich ja nicht an die Feuerstelle ran, um mir mein Essen zu kochen.

Meine Fahrradküche ist noch gut ausgestattet. Vor meiner Abfahrt in Normanton habe ich frisches Gemüse gekauft, und so gibt es heute Gemüseeintopf mit geriebenem Käse und leicht getoastetes australisches »Wattebrot« dazu. Ich koche ein bisschen mehr, dann kann ich morgen aus den Resten eine zweite Mahlzeit produzieren.

An den Abenden, die ich draußen im Freien verbringe, höre ich immer aufmerksam den Vögeln zu, wenn sie sich für die Nacht einen Schlafplatz auf den Bäumen suchen. Große weiße Kakadus sind hervorragende Flugakrobaten und zeigen gern ihre Kunststücke. Manche Bäume sind in voller Blüte und für die Vögel so etwas wie Zirkuszelte in freier Natur. Das Gezwitscher und Gekreische hört sich an, als würden sie sich gegenseitig Geschichten erzählen. So gern ich auch den Vögeln lausche, bei den Kakadus bin ich doch froh, dass sie sich einen weiter entfernt stehenden Baum ausgesucht haben, denn sonst hätte ich keine Ruhe. Kakadus und andere Papageienarten können sehr viel Lärm erzeugen, da sie sich fast immer in großen Schwärmen auf und in den Bäumen niederlassen.

In der Zwischenzeit hat sich das Lagerfeuer in ein Häufchen rot glühender Reste verwandelt. Das Holz des australischen Eukalyptusbaums ist weiß, brennt sehr lange und verströmt einen angenehmen Geruch. Heute bin ich nicht sehr viele Kilometer gefahren, und es war mir auch nicht wichtig. Meist beträgt meine Tagesdistanz zwischen 90 und 100 Kilometer. Es gibt aber auch Tage, an denen ich mich auf anderes konzentriere.

Ganz wichtig erscheint es mir immer, die innere Ruhe zu finden, denn sie gibt mir die Kraft für den nächsten Tag. Außerdem ist das Radfahren im Norden Australiens ein ganz anderes Erlebnis als eine Tour im Süden des Landes. Vielleicht liegt es an der Gelassenheit der Menschen oder an den subtropischen Temperaturen? Das Leben ist einfacher, lockerer, und vor allem gibt es viel weniger Verkehr.

Während meiner vielen Reisen in den tropischen Regionen der Erde ist mir aufgefallen, dass das Leben dort generell einen anderen Rhythmus hat. Die Menschen beginnen den Tag sehr früh am Morgen, um der Mittagshitze auszuweichen. Während der heißen Stunden wird gerastet, oder es werden Arbeiten im Haus erledigt. Am Nachmittag und während der Abendstunden werden dann nochmals alle Kräfte gesammelt, und mit einem gemütlichen Beisammensein wird der Tag mit Essen und Gesprächen schließlich beendet. Diesen Rhythmus übernehme ich auch für mich selbst bei einer Fahrradtour in diesen Regionen, nur die Gespräche am Abend bleiben im Outback natürlich auf der Strecke.

Es gibt Menschen, die es nie schaffen würden, eine Fahrradtour allein in Angriff zu nehmen. Schon der Gedanke, in der Finsternis in den Wüstengebieten oder hier im australischen Outback im Zelt zu schlafen, würde bei ihnen Unbehaglichkeit bis hin zu Angst hervorrufen. Für diese Menschen ist die Stille unerträglich, weil sie es nicht gewohnt sind, Stille überhaupt wahrzunehmen. Sie kennen keine bewusst erlebte Ruhe. Und sie können nicht hinhören.

Es gibt Geräusche in der Natur, die man nur wahrnehmen kann, wenn man gezielt darauf achtet. Für mich ist dieses bewusste Wahrnehmen immer wieder ein erfreuliches inneres Erlebnis. Fahrradtouren durch Wüstengebiete oder wie hier durch das Outback geben mir Gelegenheit, mich im Lauschen zu üben und die Ruhe bewusst zu genießen. Durch dieses Zurückholen der Gedanken werden meine Reisen zur Meditation. In den bewohnten Gebieten dieser Erde ist das unmöglich, weil dort immer jemand Lärm macht.

Übernachtung im Outback

Wenn man im australischen Outback als Radfahrer wegen Spinnen, Fröschen, Echsen, Ameisen und Schlangen nicht gern im Zelt am Boden schläft, sollte man sich bereits vor der Reise eine Übernachtungsalternative überlegen. Motels und Hütten in den Caravan Parks sind teuer. Während einer Reise durch das Outback sind komfortable Betten auch nicht immer vorhanden. Die Hängematte wäre eine schwebende Alternative zum Zelt, doch die richtigen Bäume zu finden, um sie daran zu befestigen, kann eine echte Herausforderung sein.

In meinem Fall ist die Situation ganz anders. Ich habe jahrelang in Afrika, Asien, Nord-, Zentral- und Südamerika wie auch im australischen Outback im Zelt meine nächtliche Ruhe gefunden. Ich liebe es, bei Sonnenuntergang am Feuer neben dem Fahrrad und dem Zelt zu sitzen, um den Tag nochmals Revue passieren zu lassen, mein Essen zuzubereiten und anschließend ins Zelt zu krabbeln und im kuscheligen Schlafsack zu versinken. Nach dem Motto »Zelt zu, Schlafsack zu, Augen zu und gute Nacht, Australien« kann ich sehr gut schlafen.

Ein Gegenstand, der während einer Fahrradtour im australischen Outback völlig nutz- und sinnlos ist, ist der Wecker. Sobald die ersten Sterne am Himmel zum Tagesbeginn verblassen und ein dunkelblauer Horizont Platz macht für einen feurig roten Sonnenaufgang, sind bereits die ersten Vögel am Kreischen. Der Kookaburra führt die Liste der Schreihälse am frühen Morgen an. Dieser Vogelart zuzuhören ist für mich wie ein wunderschönes Morgenkonzert.

Selten singt ein Kookaburra allein. Meist sind es zwei, drei oder noch viel mehr, die im Outback den Morgen mit ihrem so typischen Geschrei beginnen. Kängurus hüpfen am Zelt vorbei, als wären sie unterwegs zur größten Wildtierkonferenz im Outback. Sie haben es eilig und bleiben gar nicht erst stehen, um zu gucken. Selten habe ich so viele Tiere gesehen wie heute am frühen Morgen.

Das Erwachen des Tages geht im Outback zügig voran. Da es weder Hügel noch Berge gibt, zeigt das Licht der Sonne rasch Wirkung. Ich öffne den Reißverschluss an meinem Zelt, und dieses für die Tiere ungewöhnliche Geräusch macht mich zum menschlichen Störenfried in der Vogelwelt. Mit lautem Geschrei und mächtigen Flügelschlägen verziehen sich die Vögel und setzen sich auf die Äste einer anderen Baumgruppe. Dort geht das Konzert natürlich weiter. Welch angenehme Weise, um den Tag zu beginnen, denke ich mir. Anstelle von Lkw, ratternden Motorrädern, heulenden Feuerwehrsirenen und rasenden Schnellzügen – einfach die Natur genießen. Und plötzlich ist es still, ganz still. Angenehmer kann es gar nicht werden.

Aufstehen, strecken, eine Tasse Wasser erhitzen für den ersten Kaffee. Es folgt das übliche Zusammenpacken, und dreißig Minuten später sitze ich auf dem Rad und fahre in den kühlen Morgen. Alle zehn Kilometer bleibe ich stehen und trinke Schluck für Schluck aus einer Flasche Wasser, das ich mit Honig und Zitrone angereichert habe. Außerdem habe ich etwas Salz zugegeben, um Krämpfe in den Beinen und Händen zu vermeiden. Meine Trinkflasche steckt in einem Socken, den ich bei jeder Möglichkeit anfeuchte, um Verdunstungskälte zu erzeugen.

Später am Morgen, wenn es heißer wird, wächst das Bedürfnis, mehr als die geplante Menge zu trinken. Aber ich muss mich beherrschen, sonst reicht mein Vorrat nicht bis zum nächsten Wasserhahn aus. Zwischen elf und zwölf wird es so richtig heiß, und ich suche einen Platz für meinen »Brunch«, der aus Haferflocken, Wasser, Rosinen, Nüssen und nochmals einem kräftigen Schub Honig besteht.

Countrymusik, Goldminen, staubige Pisten und riesige Road Trains zählen zu meinem Alltag im australischen Outback. Meine Haut reibe ich mir am frühen Morgen mit einer UV-Schutzcreme ein. Während der langen Fahrten auf den staubigen Pisten in Richtung Broome verwandelt sie sich bis zum Abend in eine rotbraune Masse. Die sieben Liter Wasser, die ich mitschleppe, reichen aus, um den täglichen Flüssigkeitsbedarf abzudecken. Die tägliche Dusche muss warten, bis die Straße durch einen Fluss führt. Um diese Jahreszeit gibt es zum Glück noch ausreichend Wasser in den Flüssen, um das Planschen zu genießen. Aber ich beeile mich dabei, denn schließlich bin ich hier nicht an der Costa del Sol, sondern teile den Fluss mit Krokodilen. Zwanzig Minuten nach dem Waschen ist jedoch alles wieder wie zuvor. Letztlich ist es sinnlos, ins Wasser zu springen, um sauber zu werden, aber die Abkühlung tut doch gut.

Der erste Road Train nach meinem Bad ist ein richtiger »Brummi« mit 82 Rädern auf der Straße. In den riesigen Behältern, die er zieht, wird Benzin für eine Tankstelle entlang der Strecke transportiert. Ich bleibe stehen, überlasse die Piste dem Monster-Lkw und ziehe mir ein

Tuch über das Gesicht, um dabei nicht zu viel Staub schlucken zu müssen. Den Lenker halte ich fest mit beiden Händen, denn der Fahrtwind weht mich beinahe um. Es rattert, poltert, und plötzlich stehe ich mit geschlossenen Augen inmitten einer riesigen Staubwolke. Ich verharre auch noch für einige Zeit, nachdem der fünfzig Meter lange Tanklastzug an mir vorbei ist, um den Staub abziehen zu lassen, bevor ich weiterfahre. Was für ein Erlebnis, von einem derartigen Koloss überholt zu werden!

Kurze Strecken auf der Piste sind asphaltiert, um den Autos das Überholen zu erleichtern. Diese Teilabschnitte sind ideal zum Rasten und um mir was zu essen zu kochen. Manchmal habe ich Glück, und es gibt sogar einen ganz besonderen Luxus: Schatten. Auf einem Stückchen Asphalt im Schatten der Bäume am Straßenrand zu sitzen und an der Flasche mit dem von der Sonne aufgewärmten Wasser zu nuckeln ist hier im Outback eine seltene Abwechslung.

KAPITEL 6
Neuland

Den Streckenabschnitt von Normanton in Richtung Burketown bin ich noch nie gefahren. Selbst nach all den Jahren, die ich in der Welt mit dem Fahrrad unterwegs gewesen bin, habe ich immer noch ein mulmiges Gefühl, wenn es darum geht, neue und mir unbekannte Routen durch fremde Regionen zu fahren. Ich bin mir ständig bewusst, dass es etwas anderes ist, mit dem Fahrrad solche Strecken zu bewältigen als mit dem Auto oder einem anderen Transportmittel.

Natürlich sind der Kitzel und die Aufregung vor der Tour ein ganz wichtiger Faktor, um mich selbst auf das Erlebnis einzustimmen. Es ist ein bisschen wie bei den Abfahrtsläufern, die sich vor dem Start auf die Brust klopfen oder die Stöcke kreuzen. Plötzlich geht es aus dem Starthäuschen raus, der Skiläufer jagt, von allen angefeuert, die Piste hinunter, und binnen zwei Minuten ist der Lauf vorbei.

Bei mir dauert der Lauf je nach Strecke zwischen zwei Monaten und zwei Jahren. Mich treibt auch niemand die

Strecke hoch oder runter. Ich bin mit einer Frau verheiratet, die nicht im Starthäuschen sitzt und mich anfeuert, sondern die zu Hause bleibt, ihre Arbeit als Krankenpflegerin verrichtet und der ruhende Pol unseres gemeinsamen Lebens ist.

Vor einigen Jahren war Renate selbst eine mutige Radfahrerin und hat Strecken durch Afrika und Europa allein bewältigt. In den letzten Jahren gibt sie sich zufrieden mit einem relativ sesshaften Leben, hat aber mit mir einen Mann, der seine Abenteuer lebt und immer noch mehr Zeit unterwegs verbringt als im gemeinsamen Haus in Cairns im tropischen Norden Australiens. Wir respektieren uns als individuelle Menschen und schenken uns gegenseitig viel Freiheit und Verständnis. Während Renates Urlaubszeit unternehmen wir gemeinsame Reisen und genießen das Zusammensein.

Meine Touren erfordern mehr als ein Fahrrad, die Ausrüstung und ein Ziel. Falls ich Renates Hilfe brauche, kann ich mich darauf verlassen, dass sie ihr Möglichstes tun wird, mich bei meinem Vorhaben zu unterstützen. Dafür bin ich ihr sehr dankbar. Ich erinnere mich an die Zeiten, als wir in den Achtzigerjahren mit unseren Rädern unabhängig voneinander in Afrika unterwegs waren. Renate arbeitete in Ruanda, und ich war im westafrikanischen Togo »on tour«. Die Briefe, die wir uns schrieben, waren Wochen unterwegs.

Facebook, Skype und Google waren zu diesem Zeitpunkt noch nicht mal in den Startlöchern. Bill Gates war gerade mal aus den Windeln, und Steve Jobs tüftelte an seinem ersten »Apfel«. Mark Zuckerberg war damals noch zu Gast auf einem anderen Planeten. Die Fernkommunikation bestand darin, sich Briefe zu schreiben. Wenn es wirklich mal eilig gehen musste, dann wurde ein Telegramm verschickt. Ganz modern und für Otto Normalbürger nicht bezahlbar waren Telefonate ins Ausland und diese unglaublich ratternden TELEX-Maschinen. Die ersten Mobiltelefone waren damals noch wahre Ungetüme, und wer sich eines leisten konnte, trug das Ding mit sich herum wie einen Vogel im goldenen Käfig.

Wenn ich abends am Lagerfeuer sitze, denke ich gern über diese Zeiten nach und bin froh, dass ich den Wandel der Kommunikationstechnik miterleben durfte. Der Zugriff auf das Internet, die Gespräche über Skype und die kleinen dünnen superschlauen iPads sind doch wunderschöne Erfindungen. Für Radfahrer sind eine E-Mail-Adresse und eine Website sinnvolle Ergänzungen für eine Tour. Sie nehmen keinen Platz ein, wiegen nichts und kosten auch nichts. Wenn man kein Handy oder Notebook mitschleppen will, gibt es in den Bibliotheken und Mediatheken genügend Computer, um zu kommunizieren. Das alles sind geniale Einrichtungen, auch und vor allem für Radfahrer. Oft schreibe ich meine Mails am Abend, und wenn ich dann am nächsten Tag oder im nächsten Ort die Möglichkeit habe, sie zu versenden, bin ich den Menschen, die diese wunderbare Technik erfunden haben, sehr dankbar.

Die ersten tausend Kilometer entlang des Savannah Way habe ich ohne größere Probleme geschafft. Zu dieser Jahreszeit ist es zwar etwas kühler, doch scheint Regen ein Fremdwort zu sein. Mittags steigt die Temperatur bis auf 33 Grad, das Radfahren ist dann gerade noch erträglich. Kommen aber Road Trains dazu und wirbeln mir diesen ganzen feinen Staub um die Ohren, wird es fast unerträglich.

Ich habe mir überlegt, einige Stunden Nachtfahrt einzulegen. Es ist kühler, und ich verbrauche dadurch weniger Wasser. Auf den sandigen, schlechten Straßen ist an ein derartiges Experiment jedoch nicht zu denken. Nach Borroloola aber ist die Straße teilweise wieder asphaltiert, dann werde ich es wohl probieren können. Ich habe schon viele Kilometer nachts zurückgelegt. Ideal sind Vollmondphasen, aber die nächste ist erst in zehn Tagen. Zu diesem Zeitpunkt führt mich der Savannah Way dann wieder in Richtung Norden. Es wird noch heißer werden. Vom Regen bin ich bis jetzt verschont geblieben, und ich hoffe, dass es auch so bleiben wird. Mischt sich der Staub mit dem Regen, gibt es einen grauenhaften Matsch, und den könnte ich hier überhaupt nicht gebrauchen.

Corellas und Wildkatzen

Nachdem ich während der Nacht zweimal wegen Wild-katzen, die um mein Zelt schlichen, aus dem Schlafsack kriechen musste, war ich froh, als die Sonne den Himmel langsam verfärbte. Hier im Outback wird es um diese Jahreszeit gegen sechs Uhr hell. Zu Hause habe ich zu der Zeit bereits den ersten Kaffee getrunken und bin im Dau-erlauf mit unserem Hund unterwegs. Die durch das Lau-fen gewonnene Kondition kommt mir während der Fahr-radtour sehr gelegen.

Hier im Zelt auf dem Savannah Way ist alles anders. Erst das laute Kreischen der vielen Corellas, einer weißen Kakaduart, auf den Bäumen bewegt mich dazu, den Reißverschluss am Schlafsack und am Zelt zu öffnen. Ich stehe neben dem Zelt und dem Fahrrad im Nichts des australischen Outback. Bei acht Grad ist es unange-nehm frisch. Lieber wäre ich im warmen Nest geblieben. Die Sonne fängt gerade erst an, das Umfeld zu beleuch-ten und zu wärmen. Die Glut des Lagerfeuers reicht noch aus, um schnell eine Tasse Kaffee zuzubereiten. Eine halbe Stunde später habe ich alles auf dem Fahr-rad verstaut, und das Rütteln auf der Wellblechpiste nimmt erneut seinen Lauf. Meine Gelenke und Schul-tern sind angespannt von den achtzig Kilometern, die ich gestern zurückgelegt habe. Jetzt wärmen die Son-nenstrahlen meinen Rücken, und in kürzester Zeit ist alles so, wie ich es bereits seit einigen Tagen vom Savannah Way kenne.

Bis um neun Uhr gibt es keinen Verkehr, die Menschen schlafen oder genießen das Frühstück. Ein bisschen später rumpeln die ersten Wohnmobile über die holprige Piste. Die Insassen sind überrascht, einen Radfahrer zu sehen, und halten an. Das Autofenster bleibt noch geschlossen, bis sich der Staub verzogen hat. Dann aber surrt es langsam herunter. Eine zierliche Gestalt fragt mich, ob alles in Ordnung sei.

Es entwickelt sich ein kleines Gespräch, die Frau fragt als Nächstes: »Wie wär's mit etwas Wasser?«

Ich antworte: »Nein danke, meine Flaschen sind noch fast voll.«

Sie will wissen, ob ich die Tour aus einem bestimmten Grund mache oder nur so.

»Letzteres«, antworte ich kurz und bündig.

Die Frau im Auto reicht mir eine Orange und meint: »Nehmen Sie diese Frucht, sie wird Ihnen helfen, das Ziel zu erreichen. Alles Gute!«

Das Fenster wird per Knopfdruck verschlossen, und das Auto verschwindet in einer Staubwolke.

Das war ja echt nett, auch wenn der Staub auf meiner Haut kleben blieb. Bei derartigen Begegnungen stelle ich immer wieder fest: Nahezu ausschließlich sind es Frauen, die sich um mich kümmern, selbst wenn sie das Auto steuern und ihre Fragen laut hinausbrüllen müssen. Vielleicht liegt es an der mütterlichen Veranlagung der Frauen, dass sie mir helfen wollen, oder auch daran, dass Frauen meine Tour eher als Tortur sehen. Wenn sie wüssten, wie wenig ich diese Einschätzung teile, gäbe es wohl keine Orangen oder kalten Getränke mehr für mich.

Abends, nach all den Autos, dem Staub und so manchem gut gemeinten Ratschlag, bin ich meist wie gerädert. Das Zelt ist schnell aufgebaut, mein Nachtlager in einigen Minuten fertig. Ebenso rasch sind die Fertiggerichte aus den Tüten zubereitet. Die ersten Sterne flimmern am tiefblauen Himmel. Nach dem Essen wandern meine Augen zu diesem phantastischen Sternenhimmel Australiens auf der Suche nach Flugzeugen und Satelliten.

Dann werfe ich mein Notebook an, um noch ein bisschen zu schreiben. Meine kleine Stirnlampe ist dabei eine wichtige Hilfe. Denn wenn das Lagerfeuer nicht hell genug ist, um die Tastatur zu sehen, leistet sie mir gute Dienste. Bald fliegen ganze Geschwader von Insekten kreuz und quer durch den Lichtstrahl, und schließlich krabbeln sie auch um mein Zelt.

Die grün leuchtenden Augen der Spinnen, die manchmal eine überdimensionale Größe annehmen, sind nicht zu übersehen. Wenn man die Beine nicht schnell genug im Schlafsack verstaut, krabbeln diese Kreaturen daran hoch, was ich äußerst eklig finde. Nach einem harten Tag mit 85 Kilometern in den Beinen entscheide ich mich für den Komfort meines Schlafsacks und lasse meine Erlebnisse noch mal Revue passieren.

Es war ein toller Tag! Die Menschen, denen ich begegnet bin, sind die Hauptdarsteller meines »Kopfkinos«. Schließlich komme ich zu der Einsicht, dass es eben diese Menschen sind und nicht die Ansichten und Aussichten entlang der Route, die meinen Tag so wunderbar gestaltet haben. Die Wellblechpiste, der Staub und die Hitze spielen nur Nebenrollen.

Zufrieden mit mir und meiner Leistung, fallen mir langsam die Augen zu. Beim Einschlafen hege ich die Hoffnung, dass die Schlangen vorbeikriechen und die Dingos mir nicht zu nahe kommen. Aber die Nächte sind lang, und im Outback gibt es ständig irgendwelche Geräusche. Man hört Wildpferde, Rinder und Kängurus auf dem harten Boden laufen und hüpfen. Andere Tierarten kommunizieren miteinander durch Töne, die man sonst nie hört, und immer wieder gibt es Vögel, die sich in den Bäumen oder auf den Ästen mit viel Geschrei neu platzieren müssen.

E-Mail an meine Frau

10. Juli 2013

Liebe Renate,

ich hoffe, es geht Dir gut und Du bist gesund. Inzwischen bin ich 1100 Kilometer von zu Hause entfernt. Ich befinde mich in der Nähe von Burketown und habe die ersten Tage ohne Probleme überstanden. Mein Körper und meine Gedanken haben sich relativ schnell an das neue, doch mir nicht fremde Umfeld angepasst.

Das Rad samt Ausrüstung schnurrt und surrt dahin, und ich konnte täglich zwischen 90 und 100 Kilometer bewältigen. Die Straße ist streckenweise asphaltiert, der Verkehr hält sich in Grenzen. Es wird gehupt und gewunken, sprich: Der übliche australische Charme kennt hier im Outback keine Grenzen. Gezeltet wird manchmal auf den Campingplätzen der kleinen Dörfer oder je nach Situation abseits der Straße. Platzmangel ist hier ein Fremdwort.

Das Problem ist, dass ich mit den Übernachtungsplätzen in freier Natur sehr wählerisch geworden bin. Es gibt einfach zu viele hervorragende Stellen, und das führt häufiger zur Qual der Wahl. Meine bevorzugten Plätze sind Flächen in der Größe von Fußballfeldern, von denen eine ein Meter tiefe Sandschicht abgetragen und für den Straßenbau verwendet wurde. Darauf kann man wahrhaft königlich zelten. Manchmal sind dort sogar tiefe Wasserlöcher vorhanden, die während des Straßenbaus genutzt wurden. Das Wasser nehme ich zum Kochen und zum Waschen. Trinkwasser muss ich jedoch schleppen.

Ich schreibe diese Mail heute, ich weiß allerdings nicht, wann ich sie an Dich senden kann. Internet gibt es nur in den Dörfern oder manchmal in den Raststätten entlang des Savannah Way.

Alles Gute und eine herzliche Umarmung
Tilmann

Gespräche am Wegesrand

Die Begegnungen mit Australiern beginnen meist mit einem freundlichen »How is it going, mate?«. Mit »Small Talk« mitten im Outback hat man schnell Kontakt geknüpft, der oft mit einem Adressenaustausch beendet wird. Ich bin erstaunt, denn selbst in den Dörfern der Aborigines bewundert man den weißen Mann auf dem Fahrrad.

Doomadgee ist ein kleiner Ort, in dem ausschließlich Ureinwohner leben. Bei meiner Ankunft an der Tankstelle neben der Straße bin ich plötzlich von Schulkindern umgeben. Ein etwa zehnjähriger Junge fragt mich, ob ich mit dem Fahrrad auf großer Tour sei.

»Ja, ich fahre von Cairns in Queensland nach Broome in Westaustralien.«

Seine schwarzen Kulleraugen werden immer größer. »Awesome!«, schreit er ganz laut. »Du bist ein ganz starker Mann. Darf ich dich umarmen?«

Während er seine Arme um meine Schultern legt, schmiert er mir den halben Becher Schokoeis auf die eine Schulter und seine Rotznase auf die andere. Seine Mutter steht daneben und lacht. Auch sie ist überrascht von seiner spontanen Reaktion.

»Er ist einfach ein lieber Kerl«, meint sie ganz stolz.

Derartige Begegnungen mit Kindern der Ureinwohner sind selten, doch wenn sie passieren, sind sie herzlich und sehr authentisch. Ich empfinde diese spontanen Erlebnisse als einen wunderbaren Teil meiner Reisen. Als Soloradfahrer brauche ich Gespräche und Bestätigungen anderer Menschen, sind sie doch stets motivierend.

Ein anderes Beispiel: Ich werde von einem Jeep überholt, der 200 Meter weiter anhält. Der Fahrer streckt seinen Kopf zum Fenster raus und schreit: »Wo fährst du denn hin?«

Als ich neben dem Auto stehe und Luft hole, antworte ich: »Nach Broome.«

»Broome, wo ist denn Broome?«, fragt er.

»Am anderen Ende der Welt«, gebe ich zurück.

»Was gibt's denn dort, was es hier nicht gibt?«

»Kaltes Bier.«

»Etwa zehn Minuten von hier steht auf der linken Straßenseite ein Pub. Wenn du Lust hast, treffen wir uns dort. Ich zahl dir ein Bier. Mein Name ist Jason Metta und deiner?«

»Bob Wald.«

»Wir sehen uns im Pub.«

Mit diesen Worten ist unser Gespräch beendet. Jason ist sicher durstig, denn er drückt mächtig aufs Gaspedal. Das panzerähnliche Auto verschwindet in einer Staubwolke. Das Outback macht erfinderisch, der Name »Bob Wald« ist keine an den Haaren herbeigezogene Lüge, sondern eine etwas verdrehte Tatsache. Auf meiner Geburtsurkunde steht als vollständiger Name Tilmann Robert Rüdiger Waldthaler. Damals, als ich zur Welt kam, gab man den Kindern mindestens zwei, oft sogar drei Vornamen.

Später, als ich meinen Reisepass beantragte, entschied ich mich für den Namen Tilmann Waldthaler und ließ den zweiten und dritten Namen Robert und Rüdiger weg. Während meiner Reisen in den verschiedensten Ländern fiel mir allerdings auf, dass viele Menschen mit dem Namen Tilmann Waldthaler wenig oder überhaupt nichts anfangen konnten. Immer wieder wurde ich zwei- und dreimal gefragt, wie ich heiße, was denn das für ein komischer Name sei und in welchem Land es Menschen mit so komplizierten Namen gebe.

Außerdem wurde mir bewusst, dass ich immer als »German« abgestempelt wurde, was ich ja nun wirklich

nicht bin und auch nie sein werde. Seit vielen Jahren be-
sitze ich die italienische und die australische Staatsbürgerschaft. Die italienische habe ich durch meinen Süd-
tiroler Vater erhalten, die australische bekam ich 1974,
nachdem ich acht Jahre im Land gelebt hatte. Zwar bin
ich in Deutschland geboren und hätte theoretisch das
Recht auf die deutsche Staatsbürgerschaft. Doch dazu
müsste ich die italienische wie auch die australische
Staatsbürgerschaft aufgeben, was für mich ein Rück-
schritt wäre und außerdem unsinnig, weil ich ja in Australien lebe.

Um bei spontanen Begegnungen wie jetzt mit Jason
Metta der Namensproblematik vorzubeugen, nenne ich
mich einfach Bob Wald. Bob ist in der englischen Sprache die Kurzform für Robert, und Wald ist in Australien
die Kurzform für Waldthaler. Einfach, unkompliziert und
nicht gelogen. Ich bin der Meinung, dass man unwich-
tige Dinge des Lebens vereinfachen kann. Unwichtig in
diesem Fall ist mir nicht die Begegnung mit Jason, aber
der Namensaustausch. Ist doch nun wirklich egal, wie
man im Outback heißt, wenn man durstig und staubig
ist. Nicht der Name ist entscheidend, sondern die Begegnung.

Tatsächlich, nach drei lang gezogenen Kurven sehe ich
ein kleines Häuschen, etwas zurückgesetzt von der
Straße, mit der Aufschrift »ICE COLD BEER« und davor
Jasons »Panzer«. Er sitzt schon an einem soliden Holz-
tisch, Bier in der Hand und Zigarette im Mund. Ich stelle

mein Fahrrad an den Zaun und gehe mit ausgestreckter Hand auf ihn zu, um ihn zu begrüßen. Die Hunde auf der Ladefläche, die in einen starken Metallkäfig eingeschlossen sind, zeigen sich mit meiner Geste nicht einverstanden. Sie toben, bis es Jason endlich gelingt, sie zu beruhigen.

Bei einem kalten Bier habe ich nun die Möglichkeit, Jason zuzuhören und mir ein Bild von diesem Cowboy zu machen. Er ist ein etwa 40-jähriger Australier mit Hut, Sonnenbrille, Bart, T-Shirt, Jeans, Stiefeln, dazu Messer und Handy am Gürtel. Sein Hobby: Wildschweine jagen mit drei bissigen Hunden. In seinem Jeep hat er fünf Knarren verstaut. Auf der Ladefläche liegen Seile, eine Werkzeugkiste, Ersatzreifen und einige Kanister Benzin und Wasser. Außerdem ist dort besagter Käfig festgeschraubt, in dem die Hunde in Raserei geraten, wenn ihnen irgendwas nicht passt.

Der Blick auf das monströse Auto ist für mich furchterregend. Solche Kisten werden doch nur von Bruce Willis und ähnlichen Rambos gefahren, denke ich mir. Man könnte meinen, der Besitzer sei ein »Raff-Taff«-Cowboy, bewaffnet bis an die Zähne. Während wir mit einem Bierchen im Garten des Pubs sitzen, muss ich mich jedoch von diesem Vorurteil verabschieden. Jason ist ein ganz normaler, stolzer australischer Familienvater, der tagsüber seine Arbeit auf der Farm im Outback verrichtet und abends gern vor der Glotze sitzt, und zwar mit einem Bier in der linken und der Fernbedienung in der rechten

Hand. So kann man sich irren. Mit Vorurteilen sollte ich das nächste Mal etwas achtsamer umgehen.

Jasons Geschichten von Haus, Job und Kindern lassen durchklingen, dass er zusammen mit seiner Frau eine größere Farm verwaltet.

Während er mir aus seinem Leben erzählt, werde ich immer neugieriger und unterbreche ihn: »Wie viele Rinder leben denn auf dem gesamten Farmgelände?«

Er antwortet: »Genau weiß ich das nicht, so ungefähr 20 000 Tiere. Vielleicht auch ein paar mehr.«

»Über 20 000 Rinder?!«, frage ich verblüfft.

»Ja, wir haben gerade 580 Tiere nach Indonesien verkauft. Die werden morgen zum Hafen transportiert und kommen dann aufs Schiff.«

Nach einer Stunde blickt er auf die Uhr und meint: »Zeit, nach Hause zu fahren. Ist nicht mehr weit, nur noch vier Dosen Bier und eine halbe Schachtel Zigaretten.« Er steht auf, verabschiedet sich und hinterlässt zwei leere Bierdosen und einen vollen Aschenbecher auf dem Tisch. Kurz darauf geht er noch mal nach drinnen, man hört ihn laut lachen, dann bricht er mit einem vollen Karton mit 24 Bierdosen endgültig auf. Außer dem Bier hat er Milch und Schokolade gekauft. Er geht an mir vorbei und erklärt: »Für die Kinder!«

Ich rate ihm: »Fahr vorsichtig, und trink nicht zu viele von diesen grünen Dosen Bier auf dem Heimweg!«

Er setzt sich in seinen »Panzer«, und die Hunde bellen vor Freude, weil es endlich weitergeht.

Ich kann das Rattern des Fahrzeugs noch eine Weile hören.

Nun sitze ich ganz allein da, und aus den Boxen im Pub dröhnt der Eagles-Klassiker »Hotel California«. Der ätzende Geruch von Fisch, Fritten und verbranntem Öl dringt nach draußen. Jemand versucht mit schrägem Gesang, den Eagles Konkurrenz zu machen. Die zwei Bier, die mir Jason spendiert hat, haben mich fast umgehauen. Ich gehe an die Theke, bestelle einen großen Salat und eine Portion Knoblauchbrot, setze mich wieder an den Tisch und warte, bis das Essen fertig ist.

In den meisten Pubs im Outback gibt man bei der Bestellung seinen Namen an und bezahlt gleich. Wenn das Essen fertig ist, wird der Name ausgerufen, und man holt den Teller an der Theke ab. Während ich esse, denke ich über die Begegnung mit Jason noch mal nach. Warum er Schokolade für die Kinder und Bier für sich gekauft hat, kann ich verstehen. Was mich aber wundert, sind die zwölf Tüten Milch. 20 000 Kühe, aber keine Milch zu Hause?!

Ach ja, stimmt, die Tiere sind gar keine Milchkühe, sondern Rinder für den Fleischverzehr. In meinen Gedanken ergeben 20 000 Rinder einen Schnitzelberg so hoch wie der Everest oder einen ganzen Güterzug, beladen mit Steaks. Vielleicht aber auch zwanzig 380er-Airbus-Frachtflugzeuge, beladen mit Hackfleisch. Als Vegetarier habe ich keine Vorstellung, wie viele Frikadellen oder Bratwürste man aus 20 000 Rindern produzieren könnte.

Ich entscheide mich, die Nacht auf dem Campingplatz des Hotels zu verbringen. Ist zwar kein Fünf-Sterne-Platz, aber zwei Sterne sind schon Luxus im Vergleich zu dem, was ich bis jetzt hatte. Es gibt saubere Toiletten, eine warme Dusche und einen Maschendrahtzaun darum herum. Im Zoo werden die Tiere mit einem Zaun daran gehindert davonzulaufen, hier sind es die Auto- und Radfahrer, die eingezäunt werden, damit sie eine ruhige Nacht verbringen.

Ich glaube, dass meine Art der Fortbewegung bei vielen Australiern entweder Bewunderung oder Mitleid auslöst. Australien ist natürlich ein idealer Kontinent, um die Träume von Freiheit und Abenteuer mit einem Geländewagen zu erleben. Da draußen in der Hitze, dem Staub und den schlechten Pisten mit einem Fahrrad unterwegs zu sein grenzt für viele an Wahnsinn. Das ist für sie schlicht und einfach unvorstellbar.

Das Fahrrad hat hier erst in den letzten Jahren einen bedeutenderen Stellenwert erhalten. Dies ist den vielen und tollen Erfolgen der australischen Radprofis bei der Tour de France, dem Giro d'Italia und anderen großen Radrennen in Europa zu verdanken. Sie haben immer wieder für Schlagzeilen auch in den australischen Medien gesorgt. Aber Tourenfahren oder vielleicht sogar seinen eigenen Urlaub im Radtrikot zu verbringen, das ist für viele Australier undenkbar und nur etwas für Verrückte.

Ein Beispiel: Ich werde von einem klapprigen Auto überholt. Die fehlende Heckfensterscheibe ist von einer

Plastikfolie ersetzt. Nach etwa 400 Metern bleibt die ratternde Kiste stehen. Eingehüllt in feinsten Staub, springen drei Aborigines aus dem Auto und kommen auf mich zu.

»Brauchst du Wasser oder sonst was?«, fragen sie mich.

»Nein danke, ich habe alles dabei«, lehne ich dankend ab.

»Wo fährst du denn mit dem Fahrrad hin?«

»Ich fahre von Cairns nach Broome in Westaustralien.«

»Das ist aber noch verdammt weit!«, ruft der Stärkste der Gruppe.

»Alles mit dem Fahrrad?«, will ein anderer wissen.

»Ja, alles mit dem Fahrrad«, versichere ich ihnen.

Die Blicke der drei jungen Aborigines wandern vom Fahrrad auf die Taschen, dann wieder zu mir zurück. Sie murmeln in ihrer Sprache Unverständliches vor sich hin. Ich weiß nicht, wie ich mich verhalten soll, und entschließe mich, Ruhe zu bewahren und abzuwarten.

»Von Cairns nach Broome? Mit dem Fahrrad?«, fragen sie noch mal und meinen dann: »Das ist verrückt!«

Es folgt Totenstille. Man könnte jetzt eine Spinne krabbeln hören.

Wieder ist es der Größte der Gruppe, der sich mir nähert. »Wir glauben, du hast nichts als Steine im Kopf«, meint er.

Lachend gehen sie zu ihrem Auto und schieben es im Leerlauf an. Einer springt auf den Fahrersitz, drückt die Kupplung, schiebt den Gang rein, und der Motor geht an. Mit viel Lärm und Geschrei verschwinden sie in einer Staubwolke, wahrscheinlich auf dem Weg nach Burketown. Denn dort gibt es kaltes Bier.

KAPITEL 7

Es geht voran

Burketown ist ein teures Kaff. Es gibt nur einen Licht-blick: die Bücherei, zugleich Touristen-Informations-büro und Internetcafé, mit sehr freundlichen Mitar-beiterinnen. Alles andere ist ziemlich abweisend und teuer. Die Leute im Supermarkt und im Postamt sind äußerst unwirsch. Das einzige Hotel im Dorf liegt in Trümmern, es ist einem Zündler zum Opfer gefallen. Die Informationen hinsichtlich des Straßenzustands, die ich erhalten habe, sind überhaupt nicht brauchbar und falsch.

Ich muss aber gestehen, dass ich für die Unfreundlich-keit der Menschen ein gewisses Verständnis habe. Ich kann mir gut vorstellen, dass die Leute im Supermarkt immer wieder dieselbe Frage beantworten müssen, näm-lich: »Was ist mit dem Hotel passiert?« Immerhin war das der zentrale Treffpunkt für die Reisenden und dank eines integrierten Pubs auch für die »Locals«. Ein Dorf im Outback ohne Pub ist mit einem Supermarkt mit lee-ren Regalen zu vergleichen.

Denn so ein Pub ist die beste, schnellste und unkomplizierteste Anlaufstelle für alle Menschen – sowohl für die im Ort als auch für die Durchreisenden. Hier erfährt man alles Wichtige über den Straßenzustand, hier werden aber auch Jobs angeboten. Schon früher, als nicht jeder ein Handy in der Hosentasche mit sich herumtrug, ging man in diese Pubs, um Auskünfte zu erhalten oder Nachrichten zu hinterlassen. Dafür gab es ein Schwarzes Brett, an das jeder seine Botschaften heften konnte.

In vergangenen Zeiten, als in Australien die ersten Reisenden mit Pferd und Wagen durch das Land fuhren, bot man den Gästen dort auch einfache Zimmer an. Alles war besser als die tagelange Schaukelei im Wagen. Aufgrund dieser langen Tradition hat sich das Pub zu einer australischen Institution entwickelt, zu »The Pub«. Es ist dort Kneipe und Gasthof zugleich.

Ich finde solche kleinen Ortschaften immer sehr interessant. Das Leben in diesen Dörfern hat die Bewohner geprägt. Jeder kennt jeden, und jeder kennt auch jede Geschichte, alle Taten und Untaten des anderen. Ein Nest für Romane und Krimis vom Feinsten. Liebend gern würde ich zwölf Monate in so einem Kaff verbringen, um die Leute zu beobachten und meine Neugierde zu stillen. Doch diesmal habe ich eine andere Aufgabe. Ich muss auf dem Savannah Way weiterkommen.

Die Straße von Burketown nach Doomadgee wurde erst vor Kurzem asphaltiert. Diese Information habe ich von einem Aborigine bekommen. Im Tourismusbüro hat man mir die Frage nur mit einem Achselzucken beantwortet.

Ich fahre also sehr früh aus Burketown raus und bin froh, dass ich gut dahinrolle. Wir haben mittlerweile den 12. Juli 2013. Die Landschaft hat nichts Außergewöhnliches zu bieten, außer diesem breiten schwarzen Streifen Asphalt und einem kühlen leichten Rückenwind, der im Laufe des Morgens immer wärmer wird. Ab zwölf Uhr mittags ist es unerträglich heiß.

Die Idee, mir im »Tiranna Roadhouse« eine kurze Pause mit Kaffee und Muffin zu leisten, muss ich verwerfen. Der gesamte Komplex ist geschlossen. Eine Straßenbaufirma hat sich dort breitgemacht. Die Distanz zwischen Burketown und Doomadgee wäre an einem Tag durchaus machbar, es sind nur knappe 100 Kilometer zu bewältigen. Wäre da nicht der innere Schweinehund …

Im Leben muss man sich manchmal selbst gut zureden, um bestimmte Dinge zu schaffen, erst recht während einer Fahrradtour. Es ist immer leichter, Entschuldigungen zu finden, um irgendwelchen Schwierigkeiten auszuweichen, als das Problem bei den Hörnern zu packen und die Geschichte durchzuziehen. »Komm, jetzt mach kein Theater, und reiß dich am Riemen!«, rede ich mir selbst zu. »Du kannst in zwei Stunden in Doomadgee sein!«

Es ist anstrengend, doch ich will unbedingt heute Nachmittag in Doomadgee mein Zelt für die Übernachtung aufstellen. Also überwinde ich mich und fahre weiter.

Unterwegs wird noch fleißig an der Straße gearbeitet. Ich muss des Öfteren anhalten, weil schweres Gerät unterwegs ist. Wenn ich die Männer in ihren Arbeitsklamotten betrachte, stelle ich fest, dass diese Menschen ihr tägliches Brot unter extrem harten Bedingungen verdienen: Schutzoveralls, schwere Arbeitsschuhe und auf dem Kopf Helm und Schutzbrille.

Mir fällt ein, dass diese Ausstaffierung die Arbeiter auch vor den schädlichen UV-Strahlen schützen soll. Früher hat das die Natur für uns geregelt. Da wir Menschen aber vergessen haben, die Umwelt zu respektieren und zu pflegen, sind wir jetzt in diese Misere gerutscht und müssen selbst gegen die schädliche Bestrahlung der Sonne ankämpfen. Auch wenn man vom Ozonloch über der südlichen Hemisphäre so gut wie nichts mehr hört, für Radfahrer im Outback ist es besonders wichtig, die Haut zu schützen. Australien hat sehr effektive Sonnencremes entwickelt, die vom hiesigen Krebsforschungsinstitut empfohlen werden.

»Doomadgee – 5 Kilometer«, so steht es auf dem grünen Schild an der Straßenseite. Auf meiner Karte ist zwar weder ein Zeltplatz noch eine Unterkunft in Doomadgee eingezeichnet, aber es wird an der Tankstelle hoffentlich eine Möglichkeit geben, mein kleines Zelt auf einem Fleckchen Wiese aufzustellen und den Staub von meinem Körper zu waschen.

Das Dorf liegt etwas abseits der Straße und steht in regem Verkehr mit der einzigen Tankstelle. Ich lehne das

Fahrrad gegen eine Holzbank vor dem Laden, setze mich hin und beobachte die Menschen.

Die Eingangstür könnte ein bisschen Öl in den Scharnieren vertragen, das ständige Quietschen ist nervig. Also gebe ich meinen Beobachtungsposten schnell wieder auf und gehe in das kleine Geschäft, das gleichzeitig mit der Tankstelle betrieben wird und eine Goldgrube zu sein scheint. Sofort richten sich alle Augen auf mich und meine staubigen Klamotten. Auch die Blicke des Ladenbesitzers haben mich erfasst. Er ist zwar sehr beschäftigt, aber mich lässt er nicht aus den Augen. Aus dem prall gefüllten Kühlschrank nehme ich eine kleine Flasche Coca-Cola, gehe an die Kasse und halte sie unter den »Codescanner«.

Der Ladenbesitzer fragt: »Radfahrer?«

»Ja.«

»Wo fährst du hin? Rauf oder runter?«, will er wissen.

»Ich dachte, es geht hier nur eben dahin«, entgegne ich.

Etwas verblüfft sieht er mich an und meint dann: »Die Hügel kommen erst noch, egal, wo du hinfährst.«

»Gibt es hier eine Übernachtungsmöglichkeit? Zeltplatz oder so?«, erkundige ich mich.

»Warte einen Moment, in zehn Minuten machen wir den Laden dicht, dann habe ich mehr Zeit.«

Kein Problem. Ich setze mich raus zu meinem Fahrrad, trinke die Cola in kleinen Schlückchen und beobachte wieder die Menschen. Es scheint, als wollten sie alle ganz schnell den Laden leer kaufen. Ein ewiges Kommen und Gehen. Warum die Aborigines nur immer so laut schreien müssen, wenn sie sich etwas zu sagen haben? Ach ja, stimmt, hab ich vergessen: Die Handy- und SMS-Welle ist hier noch nicht angekommen.

Inzwischen werden die Zapfsäulen mit riesigen Schlössern gesichert und die Fenster und Türen des Ladens mit Stahlgittern verriegelt. Bewegungsmelder, Lichter und drei bissige und kläffende Hunde übernehmen die Nachtwache hinter dem Zaun, wo anscheinend der Besitzer oder Manager wohnt. Die Hunde sind offensichtlich darauf trainiert, aus geringstem Anlass jeden und alles wach zu bellen. Da werde ich wohl keine Ruhe finden. Ich setze mich aufs Fahrrad, um vor Einbruch der Dunkelheit noch einige Kilometer weiterzufahren. Draußen zwischen den Termitenhügeln werde ich besser schlafen.

Ich bin schon fast wieder auf der Straße, als der Ladenbesitzer mir nachruft: »Komm zurück! Du kannst bei uns im Haus übernachten, da ist es ruhiger und sicherer als da draußen. Oder willst du dich von Ameisen und Schlangen in den Arsch zwicken lassen?«

Ich bin überrascht über diese Einladung und drehe um. Er öffnet das Gatter zu seinem Garten, und ich schiebe das Fahrrad über den Rasen.

»Da drüben steht ein kleines, neues Haus mit einem Balkon, da kannst du übernachten«, sagt der Ladenbesitzer. »Wenn es fertig ist, werden wir es vermieten. Im Moment fehlen noch ein zweites Bett, der Toaster und der Mülleimer in der Küche, ansonsten ist es eingerichtet. Badezimmer mit heißem Wasser, komfortables Bett, Licht, Klimaanlage und Fernseher.«

»Ja, ganz toll, aber ich kann mir so was nicht leisten, das ist mir viel zu teuer«, lehne ich ab. »Kann ich daneben mein Zelt aufstellen oder vielleicht auf dem Balkon schlafen?«

Zu meiner Überraschung antwortet er: »Für dich ist es kostenlos. Ich möchte, dass du einen sicheren Platz hast. Am Wochenende fahren viele Leute hier in andere Dörfer zum Trinken, und auf dem Heimweg gibt es manchmal Probleme. Geh jetzt, und mach es dir bequem. Ach ja, noch was, nimm das Fahrrad mit nach drinnen, unsere Hunde zerbeißen dir sonst die Bereifung. Wir haben sie darauf trainiert, Leuten, die sich weigern zu zahlen, die Autoreifen zu zerfetzen. Kommt immer wieder mal vor. Wir leben hier im Outback und nicht in Brisbane.« Mit diesen Worten verschwindet er in seinem Haus.

Als ich am nächsten Morgen aufwache und die Augen öffne, kommt es mir vor, als wäre ich entführt und in ein Luxushotel verschleppt worden. Die ganze Nacht nichts gesehen und nichts gehört – so gut habe ich auf meiner Tour bislang noch nicht geschlafen.

Kaum schiebe ich mein Rad auf den Balkon, um meine Taschen dranzuhängen, kommen die Hunde angerast und kreisen mich ein, sodass ich nicht die geringste Chance habe, von hier wegzufahren. Das Gebell ist ohrenbetäubend.

Der Besitzer muss wohl hinterm Vorhang gelinst und festgestellt haben, dass ich mich für den nächsten Streckenabschnitt vorbereite. Er öffnet die Tür, ruft die Hunde, und mit einem Satz verschwinden sie in dem Käfig auf seinem Toyota. Mit lauten Flüchen auf die Köter knallt er die Käfigtür zu, nennt die Tiere »alles andere als meine besten Freunde« und schlappt zurück ins Haus. Als ich daran vorbeifahre, ruft er mir durchs Fenster zu: »Pass auf und fahr vorsichtig, die Straßen sind sehr schlecht und die Autofahrer nicht viel besser!« Ich bedanke mich noch mal für die luxuriöse Übernachtung, und Minuten später bin ich wieder in meinem Element: auf den Straßen des Nordens.

Teufelstor

Der nächste Stopp ist Hell's Gate rund achtzig Kilometer von Doomadgee entfernt. Der Name »Teufelstor« sagt schon alles, und tatsächlich wird die Straße bald zur »Horrorshow«: Sand, Wellblechpiste und Steine. Hier in den unendlichen Weiten Australiens muss ich das Abenteuer nicht suchen, es kommt direkt auf mich zu.

Die wenigsten Flüsse kann man auf Brücken überqueren, denn die sind schlicht und einfach nicht vorhanden. Man fährt auf steinigem Untergrund durch den Fluss. In der Trockenzeit ist das machbar, während der tropischen Regenzeit allerdings – wie schon erwähnt – nicht, da die Flüsse bis zu fünf Meter und manchmal noch höher ansteigen. Während dieser Zeit wird die Versorgung der Dörfer, wenn nötig, durch Flugzeuge aufrechterhalten.

Nach einigen Tagen unterwegs habe ich mich an diese Überquerungen gewöhnt und finde es sogar sehr angenehm, mich gelegentlich abzukühlen. Das Schöne an einer solchen Tour ist ja, dass ich allein unterwegs bin, auf niemanden Rücksicht nehmen muss und keine Kompromisse einzugehen brauche. Die Hinweisschilder »Vorsicht, Krokodile« nehme ich ernst, doch wenn man in Cairns wohnt und in den Parkanlagen ständig diese Warnungen sieht, lässt die gebotene Aufmerksamkeit leider doch manchmal nach. Ich beginne meine Situation als Radfahrer im Fluss zu analysieren. Sollte jetzt tatsächlich urplötzlich und ganz unerwartet ein fünf Meter langes Krokodil auf mich zuschießen, hätte ich ohnehin keine Chance. Davonlaufen nützt da überhaupt nichts.

Ein hungriges Krokodil kann sich, sei es im Wasser oder auf dem Land, sehr schnell bewegen. Und an Wasserlöchern weit entfernt von der Küste sind sie auch schon gesichtet worden. Doch es ist eher unwahrscheinlich, dass sie an den Flussüberquerungen auf leichtsinnige Touristen und Radfahrer warten. Sie schieben lieber eine ruhige Kugel in Küstennähe. Egal, Schuhe aus und her mit den Schlappen, die ich für diese Überquerungen immer griffbereit halte. Das Wasser ist so verlockend, dass ich meist länger drinbleibe, um ein bisschen abzukühlen.

Die Stille, die ich hier genießen kann, ist unbeschreiblich. Manchmal wird sie allerdings durch die Schreihälse der Nation, die Kookaburras, empfindlich gestört. Diese Vögel haben die Angewohnheit, ihre Kundgebungen in einem ruhigeren Ton zu beginnen, dann wird das Geschnatter aber immer lauter und steigert sich zur extremen Geschrei-Orgie. Denn alle anderen Kookaburras im Umkreis schnattern schließlich mit. Diese Vogelstimmen sind so typisch für Australien, dass Radio Australia sie als »Lockruf« für die Zuhörer in aller Welt benutzt.

Borroloola

Entlang des Savannah Way gibt es einige Ortschaften, die nur von Ureinwohnern Australiens bewohnt werden. Man nennt diese Orte auch »Settlements« oder »Communities«. Diese Dörfer bestehen aus Missionskirche, Krankenstation, Schule, Tankstelle, Supermarkt, Polizeistation, Feuerwehr, Verwaltungsgebäude und einigen Häusern, die von der Regierung für die Aborigines gebaut wurden, aber auch aus Hütten, die sich die Dorfbewohner selbst gebastelt haben. In manchen Dörfern findet man die eine oder andere Kunstwerkstatt, in der hauptsächlich traditionelle Kunstwerke und wunderschöne Gemälde entstehen.

Im Supermarkt gibt es manchmal einen – nicht immer funktionierenden – Geldautomaten, vor allem aber eine enorme Auswahl an Süßigkeiten, bunten Flaschen und Blubbergetränken in Dosen. Es ist schon fast ein Glücksfall, wenn ich mal in einer Ecke ein paar Bananen, Äpfel und Kartoffeln finde. Meist beschränkt sich das Angebot an Gemüse und Früchten auf Dosenfutter. Schade, dass man in diesen Ortschaften die Menschen nicht davon überzeugen konnte, wenigstens die eine oder andere kleine Gemüse- und Obstgärtnerei auf die Beine zu stellen.

Wenn es in diesen Dörfern keinen speziell ausgeschilderten Zeltplatz gibt, ist es für Radfahrer besser, sich nachts nicht dort aufzuhalten. Denn andere Möglichkeiten zur Übernachtung sind sehr limitiert, meist überhaupt nicht vorhanden oder sogar unerwünscht. Zuweilen wird bereits vor dem Ort auf einer Tafel verkündet, dass Besucher nicht willkommen sind. Man muss auch nicht hindurchfahren, denn die Hauptstraße führt außen herum, und das jeweilige Dorf ist nur über eine schlechte Nebenstraße erreichbar.

Trotz abweisender Schilder habe ich als Radler die Erfahrung gemacht, dass die meisten Dorfbewohner gegen meinen Besuch nichts einzuwenden haben, sofern ich meinen Aufenthalt darauf beschränke, mir im Supermarkt Nachschub für die Tour zu kaufen und meine Wasserbehälter aufzufüllen. Anschließend sehe ich immer zu, dass ich gleich weiterkomme. Mein Zelt stelle ich lieber außerhalb einer Siedlung in der freien Natur unter einem herrlich leuchtenden Sternenhimmel auf. Dort finde ich auch die nötige Ruhe zum Schlafen.

In den Dörfern der Aborigines geht es oft sehr laut zu. Technomusik und Geschrei kann ich aber nicht brauchen, denn nach einer harten Tagesetappe muss ich unbedingt gut schlafen und mich erholen. Viele Dörfer, ganz speziell Borroloola, sind außerdem ziemlich hässlich. Während meiner Fahrradtouren habe ich mir so manche Community angeschaut, um festzustellen, wie die Menschen dort leben. Ich werde nie begreifen, warum man in einem reichen Land wie Australien den Ureinwohnern keine Alternative zu den traurig aussehenden Settlements bieten kann.

Ich könnte ein Buch allein über Sinn und Unsinn dieser Behausungen und über die Dörfer der Aborigines schreiben. Erfahrungen in dieser Hinsicht habe ich genug, denn fast zwei Jahre lang arbeitete ich in der Nähe von Oenpelli, einem Dorf der Ureinwohner im Arnhemland etwa 300 Kilometer östlich von Darwin. Die US-Firma Union Carbide hatte dort ein kleines Forschungsteam im

Outback, wo ihre Experten nach Uran suchten. Durch Zufall hatte ich ein Stellenangebot für einen Koch und Campverwalter in einer Tageszeitung gesehen.

Dafür musst du dich aber ganz schnell bewerben, dachte ich mir. Nach einem kurzen Telefongespräch wurde ich noch am selben Tag eingeladen. Schnell hatte ich meine Referenzen von anderen Arbeitsstellen in einer Mappe verstaut und stellte mich dem Bewerbungsgespräch mit einem Projektmanager und seiner Assistentin. Die Position wurde mir zugesichert, und zwei Tage später war ich auf dem Weg ins Arnhemland im Northern Territory von Australien.

Von nun an war ich für die Verpflegung und die Ordnung und Sauberkeit im Camp verantwortlich. Damals hatte ich einen Pilotenschein für Kleinflugzeuge. Dadurch war ich auch darin ausgebildet, die Funkverbindung mit den Arbeitern im Outback und dem Büro in Darwin aufrechtzuerhalten. Es war eine Arbeit, die mir sehr viel Freude bereitete. Die Firma stellte mir außerdem ein Auto mit Vierradantrieb zur Verfügung. Regelmäßig musste ich die lange Fahrt nach Darwin antreten, um Lebensmittel einzukaufen und herbeizuschaffen. Für einen Abenteurer war das ein Traumjob mit optimalen Arbeitsbedingungen.

Neben meinen Einkaufsfahrten musste ich auch häufiger das kleine Dorf Oenpelli der Ureinwohner ansteuern, um die beiden Arbeitskollegen George und Miles abzuholen oder sie für ihre freien Tage nach Hause zu bringen. Beide waren Analphabeten, obwohl es im Dorf eine Schule gab, und beide konnte nichts aus der Ruhe bringen. Was mir am meisten auffiel, war die Tatsache, dass sie mir nie in die Augen schauten.

Als ich George, den Jüngeren, darauf ansprach und ihn fragte, wieso er mich bei unseren Gesprächen nie ansehe, reagierte er nur mit einem wortlosen breiten Grinsen, und seine weißen Zähne blitzten wie Perlen in seinem Mund. Auch die Frage nach seinem Alter konnte er nicht wirklich beantworten, er zuckte nur mit den Schultern und sagte: »Vielleicht neunzehn oder auch einundzwanzig.«

»Weißt du denn nicht, wie alt du bist?«, hakte ich nach.

»Mutter hat mir das nie gesagt«, war seine Antwort.

Dafür hatte er aber ein tolles Gespür für die Natur. Einmal deutete er mit der Hand auf einen roten Felsen, an dem wir vorbeifuhren.

»Bleib stehen!«, rief er mir zu. »Ich will dir unbedingt was zeigen.«

Ich war überrascht und spürte, wie sehr er sich freute, mir etwas zeigen zu können. Wir zwängten uns durch einen engen Riss im Felsen, krabbelten vorbei an einigen Büschen und dann weiter in eine große Öffnung unter einem weiteren Felsen.

»Hier werden Zeremonien für Männer gefeiert, Frauen sind hier nicht zugelassen.«

»Und was für Zeremonien sind das?«, fragte ich neugierig. Ich konnte mir zwar denken, was hier abging, vermutlich Initiationsriten, aber ich wollte es von George wissen.

Statt einer Antwort zeigte er auf eine große Felsmalerei über uns. Wieder kicherte er, und wieder strahlten seine Zähne wie Perlen. »Komm, lass uns gehen. Wir müssen ins Dorf zu meiner Mutter«, sagte er schließlich.

Wir hatten von unseren Autos, die wir im Outback fuhren, die Türen abmontiert, weil es so einfacher war, ein- und auszusteigen. Sicherheitsgurte waren da draußen ohnehin kein Thema. Die Fahrspuren, die wir benutzten, waren keine öffentlichen Straßen, wir hatten sie vielmehr selbst mit den Autos gezogen, um zu unserem Camp zu gelangen. Wir kannten jeden Baum und jede Kurve, die Felsen und die vielen überdimensionalen Termitenhügel waren für uns die besonderen Merkmale entlang der Route.

Es gab einige Stellen, an denen wir Sumpfgebiete durchqueren mussten, und in diesen Gebieten suchte sich jeder Fahrer selbst die beste Stelle aus, um durchzukommen. Ein Problem dabei war: Wasserbüffel lieben Schlammkuhlen und buddeln sich manchmal so tief ein, dass sie nur schwer erkennbar sind. Das hohe goldgelbe Gras, auch Elefantengras genannt, machte es dem Fahrer nicht leichter, das Auto durch diese Ebenen zu steuern.

Ich bat George, auf der Ladefläche zu stehen, um von oben nach tiefen Löchern, Termitenhügeln und Wasserbüffeln Ausschau zu halten. Dazu wollte ich das Auto erst mal anhalten, aber George war schneller. Er kletterte während der Fahrt nach draußen, klopfte mit der Faust auf das Autodach und forderte mich auf, einfach weiterzufahren. Wir quälten uns durch die Ebene, und gerade als es wieder angenehmer zu fahren war und ich einen höheren Gang einlegte, stürzte George vom fahrenden Auto, landete im Gras und überschlug sich. Mit einer Notbremsung brachte ich das Auto zum Stehen und sprang heraus, um zu sehen, ob er sich verletzt hatte.

Aber kaum war ich bei ihm, war er schon wieder aufgesprungen. In seiner Faust hielt er eine mindestens einen Meter lange Sandechse. Mit dem Schwanz schlug das Tier wild um sich. Er klemmte den Schwanz zwischen seine Beine und fuhr mit der anderen Hand den gesamten Bauch der Echse ab. Dabei murmelte er etwas in seiner Sprache, warf das Tier wieder ins hohe Gras und kletterte zurück auf die Ladefläche des Autos.

»Komm, lass uns weiterfahren!«, rief er mir zu.

»Zuerst möchte ich wissen, was das eben sollte. Ich dachte, du wärst vom Auto gefallen!«

»Ich wollte meiner Mutter ein Geschenk mitbringen, sie kocht Echsen auf eine ganz besondere Weise. Doch die hatte nicht genug Bauchfett, also habe ich sie der Natur wieder zurückgegeben, damit sie ein bisschen fetter wird.«

»Und was hast du gemurmelt, als du sie weggeworfen hast?«, wollte ich wissen.

»Ich habe mich geärgert, weil sie nicht fetter war. Ich habe es gut gemeint mit der Echse und ihr gesagt: Heute hast du Glück gehabt, aber das nächste Mal kommst du auf die Kohlen.«

Diese Einstellung zum Leben in der Natur gefällt mir. Es sind also doch noch viel Gefühl und Instinkt in den Köpfen der Aborigines zu finden. Die Ureinwohner Australiens sind ja Nomaden des Outback. Meine Arbeit hat mir geholfen, einen besseren Einblick in ihr Leben zu bekommen. Egal, aus welcher Perspektive man das Leben der Ureinwohner in Australien sieht, in einem Punkt sind sich die weißen Australier wie auch die Aborigines einig. Im schnellen Wandel der Zeit ist es fast unmöglich, die 40 000-jährige Kultur der Aborigines radikal zu verändern. Es sind ja erst knappe 230 Jahre vergangen, seit die ersten Europäer nach Australien gekommen sind.

Unsere Autos waren alle mit einer Drahtseilwinde ausgerüstet. An so einigen Regentagen hatten wir damit mehr Spaß, als uns lieb war. Richtig lustig wurde es, wenn die üblichen und sonst unproblematischen kurzen Flussdurchquerungen aufgrund von Hochwasser zum Risiko wurden. Um das Auto sicher auf die andere Seite zu bringen, mussten wir dann die Seilwinde benutzen und das Auto an einem Baum sichern.

Der Beifahrer stieg aus, schnappte sich das Seil mit einer Hand, hielt die Knarre in der anderen Hand und kämpfte sich durch auf die gegenüberliegende Seite des Flusses. Dort schlang er das Seil um einen hoch in den Himmel ragenden Eukalyptusbaum. Daran wurde das Auto dann mithilfe des Motors über den Fluss gezogen. Einige Stellen waren so tief, dass das Wasser in den Innenraum floss.

Neben der Strömung lag die Gefahr vor allem bei den Krokodilen. Deshalb auch die Knarre. Einige der Tiere, die wir manchmal sahen, waren geradezu riesig. Futter gab es ausreichend. Das Gebiet, in dem wir arbeiteten, ist der heutige Kakadu-Nationalpark und war schon damals nur mit Sondergenehmigung für uns zugänglich. Touristen gab es zu der Zeit im Arnhemland keine, denn erstens war das Gebiet gesperrt, und zweitens war überhaupt keine Infrastruktur für den Tourismus vorhanden. Obwohl ich dort mein Geld verdiente, hoffte ich im Stillen, dass nie ausreichend Uran gefunden werden möge, um es rentabel zu vermarkten. Die Naturschäden, die man mit dem Abbau verursacht hätte, wären irreparabel gewesen.

Ich war immer froh, wenn ich nicht allein durch einen Fluss fahren musste, denn ich habe nie gelernt, mit einem Gewehr umzugehen. Als Auslandsitaliener und verwaistes Kind einer in die Brüche gegangenen deutsch-italienischen Ehe war ich vom Militärdienst freigestellt worden unter der Bedingung, dass ich im Ausland, also außerhalb Italiens, wohnte und arbeitete. Jedes Jahr musste ich mir diesen Status von einem italienischen Konsulats- oder Botschaftsbeamten beglaubigen lassen. Die Wörter, die ich auf Italienisch konnte, ließen sich an fünf Fingern abzählen, und Spaghetti habe ich mit Gabel, Löffel und Messer gegessen.

Damals hätte ich nie davon geträumt, mir eines Tages in Australien mit einem Gewehr diese hungrigen und äußerst aggressiven Krokodile vom Leib halten zu müssen. Ich habe mich mein ganzes Leben hartnäckig geweigert, ein Gewehr in den Händen zu halten, und habe meine Weigerung bis heute durchgehalten. Ich bin mir sogar sicher, dass ich gerade deshalb meine Reisen überlebt habe.

Die jungen Männer, für die ich kochte, wussten alle, wie man mit Jagdgewehren umgeht, und es war auch immer einer von ihnen bei den Flussdurchquerungen dabei. Sicherheit für die Arbeiter und umweltbewusstes Verhalten im Arnhemland waren die obersten Firmenprioritäten, die unbedingt eingehalten werden mussten.

Die Arbeiter und Forschungsteams waren immer per Funk miteinander verbunden. Also wussten auch alle Teammitglieder, wer mit wem gerade auf Tour war. Wir wussten ebenfalls, wo sich die Teams befanden und mit welchem Auto die Mannschaften unterwegs waren. Außerdem war es nicht erlaubt, längere Autofahrten allein zu unternehmen.

Dieser Job war für mich ein absoluter Höhepunkt in meinem Leben als Koch. Mein Aufenthalt im Arnhemland gab mir die Möglichkeit, im wahren Outback zu leben und mit der Natur und den Menschen zu harmonieren.

Wellblechpiste

Die 120 Kilometer von Borroloola nach Cape Crawford waren das reine Vergnügen. Rückenwind, blauer Himmel, Asphalt und ganz wenig Verkehr. So könnte Radfahren jeden Tag sein. Ich freue mich auf die Ankunft in Cape Crawford. Es ist zwar keine Stadt, ja nicht mal ein richtiges Dorf, aber immerhin ein wohlverdientes Ziel im australischen Outback.

Meine Übernachtung auf dem Zeltplatz des »Heartbreak Hotel« in Cape Crawford entpuppt sich dann allerdings als nicht besonders angenehm. Es gibt viele Wohnmobile, Lärm und ein ständiges Kommen und Gehen.

Da ich die 120 Kilometer in sechs Stunden gefahren bin, lasse ich mir den ganzen Nachmittag Zeit, um mich in der Gegend umzusehen und vielleicht auch mit Leuten ins Gespräch zu kommen. Manchmal ist es schön, einen Nachmittag als Ruhephase einzuschieben. In der Umgebung gibt es außerdem sehenswerte Sandsteinfelsen. Diese Felsformationen gehören zum »Limmen Nationalpark«, und ich möchte sie mir gern ansehen.

So richtig schön ist es immer, solche Naturwunder aus der Luft zu betrachten. Aber die Hubschrauberflüge zur »Lost City« sind teuer. In einer Broschüre lese ich, dass fünfzehn Minuten knappe 200 Dollar kosten. Für 200 Dollar kann ich hier im Outback zehn Tage unterwegs sein und viel mehr erleben und sehen als in dieser Viertelstunde.

Inzwischen habe ich seit acht Tagen keinen frischen Salat mehr bekommen. Das Salatbüfett im Restaurant ist verlockend, der Nachschub an Vitaminen und Mineralstoffen kann mir nur guttun, also lange ich mächtig zu. Zur Abwechslung ist es angenehm, in einem Restaurant zu sitzen. Für diesen besonderen Anlass habe ich mir auch ein frisches Hemd übergezogen, denn hier geht es etwas vornehmer zu.

Am Lagerfeuer brauche ich kein frisches T-Shirt, keine saubere Tischdecke, Kerzenschimmer und Glittergeflimmer. Draußen sitze ich im Sand zwischen Ameisen, stechenden Insekten und immer wieder diesen langbeinigen Spinnen, die an mir vorbeikrabbeln, dann aber doch wieder stehen bleiben. Es gibt Leute, die im Outback einen Petroleumring um das Zelt gießen in der Annahme, dass sie sich die Viecher damit vom Hals halten können. Ich habe auch gesehen, dass Camper mit Sprühdosen den Boden bearbeiten, auf dem sie dann ihr Zelt aufstellen. Manche tauchen ein langes Stoffband in irgendeine ätzend riechende Flüssigkeit ein und legen das Band sorgfältig um das Zelt, damit ja keine Fremdkörper eindringen.

Ob es funktioniert, weiß ich nicht, aber ich wäre nicht überrascht, wenn das Zelt am nächsten Morgen trotz aller Sorgfalt am Boden von einem faustgroßen Schiss eines Vogels aus der Luft bekleckert worden wäre.

Von Cape Crawford aus gibt es für mich zwei Möglichkeiten, die Tour nach Broome fortzusetzen. Eine scheußliche Piste führt von hier nach Roper Bar und von dort weiter nach Mataranka. Andernfalls kann ich auch 230 Kilometer weit auf der guten Asphaltstraße bleiben und anschließend auf dem Stuart Highway nach Mataranka fahren. Auf meiner Routenkarte ist die Distanz ungefähr gleich. Die asphaltierte Straße ist verlockend und sicherlich die leichtere Variante.

Ein älteres Pärchen am Nachbartisch sieht mir zu, wie ich mich mit der Karte beschäftige. Der Mann fragt mich, wo ich denn hinfahren möchte. »Ich überlege, welche Route ich nehmen soll, um nach Mataranka zu gelangen.«

»Wir sind gestern in Roper Bar weggefahren und heute in Cape Crawford angekommen. Wir sind froh, dass wir es ohne Achsenbruch geschafft haben. Die Strecke ist eine Katastrophe. Fahren Sie ein Allradauto?«

»Nein, ich bin mit dem Fahrrad unterwegs!«, entgegne ich.

Der Mann macht ein Gesicht, als bliebe ihm gerade die Wurst im Hals stecken. Er antwortet: »Gestern haben wir einen Japaner gesehen, der hat sein Rad geschoben!«

»Haben Sie ihn gefragt, wieso er das gemacht hat?«, will ich wissen.

»Wir haben angehalten und versucht, mit ihm zu sprechen, aber er konnte nur ein paar Brocken Englisch. Deshalb haben wir nicht verstanden, warum er unsere Hilfe ablehnte, aber er war sehr höflich.«

»Es war gar kein Japaner, es war eine Japanerin«, korrigierte die Frau ihren Mann.

Amüsiert frage ich: »Haben Sie das denn nicht gemerkt?«

»Ist heutzutage ein bisschen schwieriger«, meinte der Mann. »Ich habe die Bee Gees auch immer für eine Mädchengruppe gehalten!«

Nach diesem kurzen Tischgespräch habe ich mich entschlossen, die Savannah-Way-Tour ein bisschen umzukrempeln. Anstatt auf dem Savannah Way zu bleiben und mich nochmals über 340 Kilometer scheußliche Wellblechpiste zu quälen, will ich nun die bessere Route von Cape Crawford nach Daly Waters auf dem Stuart Highway fahren. In diesem Moment ist es mir einfach nur wichtig, dass ich keinen Staub mehr schlucken und keine Wellblechpiste mehr sehen und fühlen muss. Meine Schultern brauchen eine Erholung von diesem andauernden Rütteln auf der Straße.

Ich befinde mich irgendwo im Nichts des Outback zwischen Cape Crawford und Daly Waters, als ich am Abend kurz vor Einbruch der Dunkelheit einen idealen Platz für meine Übernachtung finde. Schnell ist mein Zelt aufgestellt und ein kleines Lagerfeuer angeschürt. Ich habe soeben 130 von den 270 Kilometern bis Daly Waters zurückgelegt und bin ausgebrannt und hungrig. Mein Abendessen auf offenem Feuer zuzubereiten dauert nicht lang.

Anschließend verbringe ich ein bisschen Zeit neben der Feuerstelle und lausche dem Knistern. Es ist einfach idyllisch. In solchen Momenten fühle ich eine innere Zufriedenheit, die sehr motivierend sein kann. Ich glaube, dass das nur nachvollziehen kann, wer selbst längere Zeit unterwegs gewesen ist und Australien von der besten Seite erlebt hat. Im Umkreis von Hunderten Kilometern ist man ganz allein, nur das Fahrrad, ein kleines Zelt und ein Schlafsack, fünf Liter Wasser in den Flaschen, zwei Kilogramm Müsli und die wenigen Sachen, die man als Radfahrer mitschleppt. Sicherlich käme damit nicht jeder Mensch zurecht.

An solchen Abenden gehen mir Fragen durch den Kopf, auf die ich eine Antwort finden muss. Das sind Fragen, für die zu Hause und in der Gesellschaft anderer wenig Zeit bleibt. Es wird mir bewusst, dass ich den schnellsten Weg zu mir selbst und zu meinen Gedanken immer wieder während einer längeren Fahrradtour finde.

Vielleicht ist dies auch ein Grund, warum ich bei meinen langen Touren meist allein unterwegs bin. Als Soloradler ist es aber auch einfacher, Kontakte zu knüpfen, und man wird von den Leuten auch eher angesprochen. Ist man allein unterwegs, kann man die meisten Situationen schneller und unkomplizierter steuern. Was aber nicht heißen soll, dass ich nicht auch sehr gern mit meiner Frau und mit Freunden unterwegs bin.

Reisen mit anderen Menschen kann sehr schön sein, wenn man sich lange kennt, Verständnis füreinander und eine gepflegte Freundschaft hat. Eine Fahrt mit anderen Radlern kann aber auch ganz schnell zu Problemen führen. Warum das so ist, lässt sich leicht erklären: Entweder die Chemie stimmt – oder es wird über kurz oder lang kompliziert.

Je länger man allein unterwegs ist, umso schwieriger wird es aber auch, sich an andere Menschen anzupassen. Man entwickelt seinen eigenen Fahrstil, Kompromisse sind da nicht leicht. Es verlangt oft eine Umstellung, doch darin sieht man wenig Sinn, wenn man jahrelang eigene Erfahrungen gesammelt hat – und gut damit gefahren ist.

Während meiner Touren habe ich häufig andere Soloradler getroffen. Ich verbringe gern einige Tage mit gleichgesinnten Menschen, doch dann reicht es mir wieder für einige Zeit, denn als Reiseradler hat man viele Ähnlichkeiten, die entweder verbinden oder aber zu Problemen führen können.

Es geht nicht um Schnelligkeit

Es ist noch sehr früh am Morgen. Das Geschrei der Galahs, einer australischen Papageienart, geht mir auf die Nerven. Ich hätte eigentlich noch gern etwas länger geschlafen. Die Glut von gestern raucht noch ganz schwach, und es riecht nach dem Holz der Wüsteneiche. In die rot aufgehende Sonne blinzelnd, beginne ich meinen Tag im australischen Outback. Ich krieche langsam aus dem Schlafsack, öffne das Zelt und schaue den Galahs nach. Sie fliegen in Richtung meines Ziels, also gen Westen.

Ich raffe mich auf, mache mir noch schnell eine Tasse Kaffee, packe alles aufs Fahrrad, setze mich drauf, und zwanzig Minuten später fahre ich in den kühlen Morgen. Die ersten sechzig Kilometer werden vor dem Frühstück abgespult, denn später wird es einfach zu heiß zum Treten. Selbst der leichte Gegenwind nützt dann wenig, um den Körper zu kühlen. Der Straßenbelag ist sehr angenehm, ich rolle gut dahin. Umgeben von Dürre und Trockenheit, wachsen vereinzelte hohe Eukalyptusbäume am Straßenrand. Die langen, graugrünen Blätter rasseln im Wind und bieten mir etwas Schatten. An einer Ausbuchtung der Straße stehen sogar ein Wassertank, ein Tisch und eine Bank. Ein idealer Platz, um mir das Frühstück zuzubereiten.

Während ich mich mit dem kleinen Kocher beschäftige, um auf der Gasflamme ein bisschen Wasser heiß zu machen, steht plötzlich wie aus den Wolken gefallen ein anderer Radfahrer hinter mir. Unsere Blicke kreuzen sich, und im selben Moment frage ich: »Na, wo kommst du denn her?«

»Mein Name ist Gary, ich komme aus Südafrika und fahre mit dem Rennrad rund um Australien. Ich unternehme einen Rekordversuch und will so schnell wie möglich einmal rum.«

Er schaut auf seinen Lenker. Meine Augen folgen seinem Blick. Der Lenker sieht aus wie das Cockpit eines Jumbos: Technik vom Feinsten, Scheinwerfer, Navigation und Satellitentelefon, Schnickschnack hoch drei. Der Helm hat eine integrierte Solarzelle und eine Kamera mit einem 360-Grad-Rundumblick. Im Fahrradrahmen steckt eine dreieckige Tasche. Einen kleinen Wasserbehälter hat er auf dem Rücken. Meine Augen werden immer größer.

Plötzlich ertönt eine Stimme aus einem Minilautsprecher am Lenker: »Warum bist du stehen geblieben, hast du ein Problem?«

Ich ertappte mich selbst mit offenem Mund und frage: »Was war denn das?!«

»Meine Frau ist in ständigem Kontakt mit mir über ein Satellitenmodul und kann mich auf Schritt und Tritt verfolgen, damit sie weiß, wo ich bin und wie es mir geht!«

»Aha«, sage ich und ulke: »Ich glaube, meine Frau will gar nicht so genau wissen, wo ich gerade bin.«

Ich habe kaum ausgesprochen, da sitzt Gary schon wieder auf dem Bike. »Ich muss unbedingt mein Tagespensum von 300 Kilometern schaffen«, sagt er zum Abschied. »Alles Gute und Hals- und Beinbruch.«

Bewundernswert, denke ich. Und dennoch etwas, das ich nie tun würde und auch nicht könnte, auf diese Art und Weise ein Land zu durchqueren. Mir ist am Vortag

Der Uluru (Ayers Rock) gilt als heiliger Berg der Aborigines. Er ist eines der Wahrzeichen Australiens und ein Touristenmagnet. 2007 führte Tilmann Waldthaler eine Radtour dorthin.

Nicht weit von Cairns, dem Beginn des Savannah Way, liegen die Atherton Tablelands. Hier dominiert die Farbe Grün: Regenwald und dazu zahlreiche Wasserfälle.

Schild auf einem Campingplatz in Queensland: Gewarnt wird vor giftigen Schlangen und Krokodilen. Letztere können trotz fünf Meter Körperlänge erstaunlich schnell sein.

Radfahrer müssen hier absteigen, weil ein kurzer Abschnitt der Piste nach einem heftigen Regenguss überschwemmt ist.

Zwischen Himmel und Erde: Endlos lang und schnurgerade zieht sich der 4 000 Kilometer lange Savannah Way durch die menschenleere Landschaft.

Spaghetti im Outback: Als gelernter Koch zaubert Tilmann Waldthaler ein Abendmahl aus den wenigen Lebensmitteln, die er mit sich führen kann.

Feuer schafft Licht und Wärme. Im Winter kann es im Outback sehr kalt werden. Umso wichtiger ist das allabendliche Feuermachen.

Outback-Dusche – ein herrliches Gefühl nach etlichen Tagen auf der staubigen, heißen Straße

Am liebsten übernachtet Waldthaler weit weg von Campingplätzen. In der Einsamkeit und Stille kann er seine Gedanken schweifen lassen.

Ein Tribesman der Aborigines während eines Festivals in Queensland mit weißer Körperbemalung und Federschmuck

Auch Kinder und Jugendliche nehmen an den tänzerischen Darbietungen teil und tragen so das kulturelle Erbe weiter.

Corellas sind eine Kakadu-Unterart. Die kleinen Vögel sitzen manchmal zu Hunderten auf den Bäumen des Outback.

Die bis zu 40 000 Jahre alten Felsmalereien sind für die australischen Ureinwohner, die keine eigene Schrift entwickelt haben, ein wichtiges Vermächtnis ihrer Kultur.

Dieser Hubschrauber legt eine Zwischenlandung ein, um zu sehen, ob Tilmann Waldthaler und seine Mitstreiter während der Fahrradtour von Perth nach Brisbane etwas brauchen.

Eine der vielen Höhlen im Felsmassiv Uluru, die Waldthaler während seiner Fahrradtour im Jahr 2007 besuchte

Buschbrände zerstören Land, Bäume und die Tierwelt (l.). Brotbacken auf einer Feuerstelle (r., oben). In solch einem Mahlstein werden Farben aus Sand, Rinden und Beeren hergestellt (r., unten).

Während der 6 000 km langen Fahrt von Perth nach Brisbane im Jahr 1994 diente der Anhänger als mobile Küche.

Ein perfektes Plätzchen zum Übernachten ist das breite Flussbett des Gilbert River, das zu dieser regenarmen Jahreszeit völlig ausgetrocknet ist.

Kamele wurden bereits von englischen Forschungsreisenden nach Australien gebracht. Die Tiere waren ideale Lastenschlepper bei Expeditionen in die Wüste.

Tilmann Waldthaler musste in Alice Springs erst lernen, wie man mit Kamelen umgeht, bevor er im Jahr 1997 selbst eine sechswöchige Kameltour machte.

Alice Springs, eine der bekanntesten Städte im australischen Outback, ist Ausgangspunkt für die Touren zum heiligen Berg Uluru.

Am liebsten übernachtet der Radnomade im Freien, doch ab und zu schätzt Waldthaler auch den Komfort eines Betts. Hier das Birdsville Hotel in Birdsville, Queensland.

Das älteste Lebensmittelgeschäft Australiens steht in Croydon. Dort kann man sich mit genügend Dosen für die Fahrt eindecken.

Riesige »Road Trains« transportieren Güter aller Art durch das Outback. Sie sind wichtig für die Versorgung abgelegener Gebiete und legen weite Strecken zurück.

Harte Arbeit: 80 bis 100 Kilometer sind als Tagesdistanz unter normalen Umständen leicht zu bewältigen, doch bei dieser Sandpiste sieht das anders aus.

In der Hitze ist es absolut wichtig, sich mit ausreichend Flüssigkeit zu versorgen. Sieben Liter Wasser plant Tilmann Waldthaler tagsüber ein.

Naturspektakel und Belohnung nach einem anstrengenden Tag: feuerroter Sonnenuntergang in Westaustralien

die Distanz von 130 Kilometern schon als sehr viel vorgekommen. 300 Kilometer an einem Tag?! Das habe ich noch nie geschafft. Ich kann mich erinnern, als ich 1977 von Darwin nach Sydney radelte, hatte ich mir an einem windigen Tag ein Stück Karton wie Flügel auf den Rücken gebunden. Damit bewältigte ich an einem Tag 267 Kilometer, hatte aber am nächsten Tag einen sehr schmerzhaften Muskelkater, den ich bis heute nicht vergessen habe.

Verschwitzt und hungrig lege ich mich in den Schatten und lasse die Gedanken wandern. Unweit von meinem Rastplatz zieht ein Monster-Lkw an mir vorbei. Mit bis zu drei Anhängern jagen diese Road Trains durch das Outback und schleppen Güter und Nahrungsmittel von einer Seite des Kontinents zur anderen. Nachdem er an mir vorbeigefahren ist, höre ich noch lange das Brummen des Motors.

Auf dieser Reise bin ich nun schon zwei Wochen unterwegs und habe festgestellt, dass man die Dörfer hier nicht unbedingt als Oasen bezeichnen kann, auch wenn sie eine ähnliche Funktion haben. Die Ansiedlungen in den Wüsten der Erde außerhalb Australiens haben einen ganz anderen Charakter, sind zweckmäßiger und anders gebaut. Dort versucht man, den Bewohnern durch die Bauweise Schutz vor Sandstürmen zu bieten. Die Behausungen sind eng aneinandergebaut, und die Oasen sind oft von einer Schutzmauer gegen den Sand umgeben. Dattelbäume, Obstplantagen, Tierzüchter, kleine

Geschäfte und Handwerker beleben sie in den großen Wüsten dieser Erde.

Die Ortschaften im australischen Outback sind entweder zu klein oder zu groß, um sie als Oasen zu bezeichnen. Sandstürme gibt es auch in Australien, doch sind sie im Outback anders als in anderen Wüstengebieten.

In Afrika habe ich beobachtet, wie Sanddünen entstehen. Feine Sandkörner werden vom Wind an Steine, ein Stückchen Holz oder auch einen Grashalm getrieben und setzen sich dort fest. Man kann zusehen, wie sie rasch zu einem kleinen Sandhaufen wachsen. Vom Sandhäufchen bis zur Düne bedarf es viel Wind. Der Prozess ist ähnlich wie bei Schneeverwehungen. Durch den Wind und den Schnee entstehen riesige Schneewechten, die sich meterhoch auftürmen. In den Savannengebieten gibt es Bäume, Büsche, Pflanzen und Gräser, die verhindern, dass allzu große Mengen Sand »vom Winde verweht« werden.

Ich finde, solche Beobachtungen sind ein wesentlicher und sehr wichtiger Teil meiner Reisen. Die langsame Fortbewegung mit dem Rad lässt mich am Spiel der Naturgewalten teilhaben. Das sind die schönen Aspekte während einer Fahrradtour. Ich fühle mich ins Geschehen eingebettet und kann alles viel intensiver miterleben. Ich glaube, das ist es es auch, was mich immer wieder motiviert, unterwegs zu sein. Fahrradtouren durch die Wüsten und durch das Outback verlangen von mir, in gewisser Weise asketisch zu leben.

In der Zwischenzeit ist es drei Uhr mittags, und während Gary schon wieder achtzig Kilometer abgespult hat, liege ich noch immer im Schatten, mein Kopf umhüllt von einem Fliegennetz, und warte auf die etwas kühleren Nachmittagsstunden. Es ist schön zu wissen, dass ich mich nicht von irgendwelchen »Kopfgeschichten« treiben lassen muss. Ich habe zwei Monate Zeit, um die 4000 Kilometer von Cairns nach Broome zu schaffen. Wenn es sein muss, kann ich noch zwei oder drei Wochen dranhängen. Der Unterschied zwischen einem »Tourenfahrer« und einem Rennradfahrer wurde mir soeben deutlich vor Augen geführt.

Ich freue mich auf meine Ankunft im »Daly Waters Roadhouse«. Mit etwas Glück gibt's eine Dusche und eine Waschmaschine, um die verdreckten Klamotten zu waschen. Mein Hemd ist nass geschwitzt. Ich ziehe es aus und lege es zum Trocknen in die Sonne. An den riesigen weißen Flecken auf dem Hemdrücken erkenne ich, dass ich während der Fahrt viele Mineralstoffe und Salze ausgeschwitzt habe. Ich finde es lustig, dass das Hemd durch die Sonnenbestrahlung ganz steif geworden ist. Ich könnte es auf die Straße stellen, und es würde nicht umfallen.

Um den Mineralstoff- und Salzhaushalt des Körpers in Ordnung zu halten, nehme ich während der langen Etappen ohne Frischgemüse und Obst eine Mineralstofftablette. Früher, als ich für Firmen im Outback gearbeitet habe, hat man Salztabletten geschluckt. Dies wird auch heute noch von den »Bushies« praktiziert.

Die Idee, meine Klamotten in Daly Waters durch eine Waschmaschine zu wirbeln, kann ich vergessen, denn es kommen dicke schwarze Wolken auf mich zu. Ich sehe in der Ferne die ersten Regengüsse als graue Flächen übers Land ziehen. Der Regen macht mir nichts aus, ich mag seine reinigende Wirkung. Unangenehm wird es, wenn tobende Unwetter mit Sturm, Blitz und Donner durch das Outback ziehen.

Vorsichtshalber halte ich schon mal Ausschau nach einem geeigneten Platz, um mich unterzustellen. Die Auswahl hier draußen beschränkt sich auf Bäume, die ich bei Blitz und Donner jedoch äußerst gefährlich finde. Wenn gerade ein ausgebranntes Autowrack herumstehen würde, könnte ich ja darin Schutz suchen. Aber auch das wäre gefährlich. Oft haben Spinnen, Schlangen, Skorpione und Ameisen diese verrosteten und ausgebrannten Blechbüchsen zu ihrer Behausung erkoren. Die Betonröhren, die manchmal unter den Straßen eingebaut wurden, um die Wassermassen während der Regenzeit schneller abfließen zu lassen, sind meist nicht groß genug, um sich darin zu verkriechen. Als Radfahrer hat man bei drohendem Unwetter im Outback schlechte Karten.

Der Regen und das Gewitter nähern sich rasend schnell. Windböen rütteln bereits an den Bäumen. Plötzlich ein Knall, und ich sehe, wie ein Blitz einen Baum regelrecht in zwei Stücke reißt. Erschreckende Gedanken gehen mir durch den Kopf, denn so etwas habe ich noch nie erlebt. Ich hoffe, dass das Gewitter schnell vorüberzieht, und stehe wie festgenagelt neben dem Fahrrad. Das Wolkenbild wäre phantastisch anzusehen, würde mir nicht die Angst im Nacken sitzen. Der Regen wird intensiver, aber es sieht so aus, als würden die Blitze und das Donnern doch sehr rasch vorbeiziehen.

Ich lehne das Fahrrad an ein Gebüsch neben der Straße und setze mich etwas weiter weg in den Straßengraben. Heftiger Regen setzt nun ein. Die vom Wind gepeitschten Regentropfen tun auf dem Körper weh. Meine Bekleidung ist bald waschlappenmäßig aufgeweicht. Die triefenden Klamotten fühlen sich sehr unangenehm an, kalt und nass. Die abschüssige Straße verwandelt sich in einen Bach, und ich habe plötzlich eine glänzende Idee.

Ich reiße mir die Sachen vom Leib, hole das Shampoo raus und genieße splitternackt eine erfrischende Dusche in der größten Sauna der Welt. Mit dem Abtrocknen muss ich freilich noch warten, denn es schüttet weiter wie aus Eimern. Das Gewitter wettert in der Zwischenzeit woanders, und langsam beginne ich die Situation zu genießen. Als ich selbst sauber bin, nutze ich den Regen, um auch mein Fahrrad zu reinigen.

Eine Stunde später bin ich auf der dampfenden Straße unterwegs in Richtung Daly Waters. Nach solchen Extremerlebnissen bin ich immer erstaunt, was einem alles so passieren kann. Kein Tag ist wie der andere, und man lernt sich dadurch auch selbst immer wieder aufs Neue kennen. Oft entdecke ich dabei, dass ich zu viel mehr fähig bin, als ich mir normal zutrauen würde. Zu Hause hätte ich dazu keine Gelegenheit, weil da die entsprechenden Herausforderungen fehlen.

Der Ort Daly Waters mit seinen 27 Einwohnern liegt nur etwa drei Kilometer vom Stuart Highway entfernt. Vor vielen Jahren führte die Straße direkt durch das Dorf. Während der Regenzeit war Daly Waters immer wieder für Wochen wegen Überflutungen unzugänglich. Teure Rettungsaktionen der Air Force, bei denen gestrandete Touristen, Reisende und die Bewohner aus dem Dorf geholt wurden, führten dazu, dass man den Stuart Highway verlegt und das heutige »Daly Waters Roadhouse« auf einem etwas erhöhten Grundstück gebaut hat. Die wenigsten Reisenden fahren nun noch die drei Kilometer ins Dorf, denn was es dort gibt, gibt es auch im Roadhouse.

Bei meiner Ankunft entscheide ich mich, eine Nacht lang auf dem Campingplatz mein Zelt aufzuschlagen, meine staubige und schon ein bisschen rötlich gefärbte Wäsche zu waschen und am Abend im Restaurant zu essen. Nachdem ich mein Fahrrad während des Gewitters gereinigt habe, gibt es jetzt noch einige Tropfen Öl auf die Kette und eine kurze technische Kontrolle.

Der Stuart Highway ist die Hauptroute zwischen Adelaide im Süden des Kontinents und der nördlichen Stadt Darwin. Es wird sicherlich viel mehr Verkehr und riesige Road Trains geben. Da heißt es aufpassen, um nicht unter die Räder zu kommen. Die enormen Distanzen und die langen, einsamen Strecken durch das Outback sind in den letzten Jahren immer gefährlicher geworden.

Die Strecke von Cairns bis Daly Waters entlang dem Savannah Way ist ja keine Route für den Transport von Gütern, dazu sind die Straße und die Versorgung entlang der 2000 Kilometer langen Strecke zu schlecht. Streckenweise ist es nicht einmal empfehlenswert, hier mit einem Pkw unterwegs zu sein. Die Flussdurchquerungen könnten problematisch werden. Etwas länger, aber einfacher zu bewältigen ist die Strecke von Cairns nach Townsville und anschließend entlang dem Barkly Highway zum Stuart Highway.

Am späten Nachmittag sitze ich auf der Terrasse am Roadhouse und genieße den Ausblick auf einen phantastisch rot gefärbten Himmel. Der Verkehr wird am Abend immer weniger. Vereinzelt kommen noch Autos zu den Zapfsäulen, um zu tanken. Nicht nur die Autos, auch die Gestalten, die aus den Autos aussteigen oder rauskrabbeln, sind sehenswerte Exemplare australischer Buschkultur.

Ein von Staub und Schlamm bedecktes Auto fällt mir besonders auf. Es scheint gerade noch auf drei Zylindern zu laufen, und der fahrbare Untersatz hat sicherlich auch schon bessere Tage gesehen. Auf der Ladefläche sind unter einem Netz die üblichen Outback-Utensilien festgezurrt: Ersatzräder, eine Werkzeugkiste, verschiedene Plastikbehälter, zwei Kartons Bier, eine große Kühlbox und zwei Swags (australische Schlafsäcke). Ein Hund steht, mit einer Kette an das Auto angebunden, auf der Ladefläche.

Die Karre hat vorn auf der Stoßstange einen sogenannten »Bullbar« montiert, einen Frontschutzbügel. Vorn auf der Kühlerhaube prangt eine teure Antenne für das »Citizen Band Radio«, das CB-Funkgerät. Ganz oben auf dem Dach sind mehrere Scheinwerfer montiert, die bei Nachtfahrten eingeschaltet werden, um Kängurus, Rinder und andere Tiere rechtzeitig zu sehen und ihnen ausweichen zu können.

Das Auto bleibt stehen, aber der Motor stottert weiter vor sich hin. Ein dünner, drahtiger Aborigine steigt aus und schlendert zur Zapfsäule, schnappt sich den Schlauch und lässt den Tank volllaufen. Sein Hut sieht aus, als hätte er als Zielscheibe gedient. Das hellblaue Hemd des Mannes steckt links im Hosenbund, die andere Seite hängt heraus. Seine engen Jeans haben schon längere Zeit keine Waschmaschine mehr gesehen, und seine Cowboystiefel könnten Geschichten erzählen.

Nachdem er den Tank gefüllt hat, stopft er ein Tuch in die Öffnung. Den Tankverschluss hat er wohl schon vor langer Zeit verloren. Er macht sich auf den Weg zur Kasse, um den Treibstoff zu bezahlen. Derweil fährt eine Frau, die mir erst jetzt hinter dem Steuer auffällt, den Wagen von den Zapfsäulen auf einen Parkplatz. Fünf Kinder springen heraus, der Älteste befreit den Hund von der Kette, und mit viel Geschrei und Gelächter spielen die Kinder mit dem Vierbeiner.

Es ist schön zu sehen, wie diese Kinder im Outback es verstehen, sich zu unterhalten und zu amüsieren. Mit einer Tüte voller Einkäufe kommt der Mann aus dem Laden. Die Kinder bestürmen ihn und erbetteln sich Getränke und Schleckereien. Auch der Hund bekommt etwas zugeworfen. So ratternd, wie sie angekommen sind, machen sie sich auch wieder auf den Weg und verschwinden hinter viel Qualm auf einer scheußlich aussehenden Piste in Richtung »Daly Waters Hotel«.

Die Kinder sind wohl sehr durstig gewesen. Kaum losgefahren, fliegen auch schon die ersten leeren Dosen in hohem Bogen aus dem Auto. Umweltschutz scheint bei dieser Familie, wie so oft im Outback, kein Thema zu sein. Wenn ich so etwas erlebe, komme ich mir verarscht vor. Ich bemühe mich immer, jedes Papierchen, sei es auch noch so klein, und jede Art von Verpackung auf dem Fahrrad bis zur nächsten Mülltonne mitzunehmen. Das ist etwas, das ich in Europa gelernt habe, und ich kann es nicht verstehen, wenn andere Menschen die Welt mit ihrem Müll versauen.

KAPITEL 8

Ein Blick zurück

»Ihr müsst doch total verrückt sein!«

Der Kassierer in dem kleinen Supermarkt schiebt seine Baseballkappe in den Nacken und schüttelt den Kopf. Nein, er lässt sich nicht davon abbringen. Seiner Meinung nach sind wir verrückt. Und wie er das sagt, klingt da keine Bewunderung mit, weder für uns als Personen noch für unser Vorhaben. 6000 Kilometer durch den australischen Busch, durch Wüste und Staub, durch Schlamm und Schotter – mit dem Fahrrad. Das begreifen selbst die naturverbundenen Australier nicht mehr, und die sind sonst wirklich für jedes noch so verrückte Abenteuer zu haben.

Perth, die Hauptstadt Westaustraliens, ist der Ausgangspunkt dieser Tour im Jahr 1994. Ohne Begleitfahrzeug, ausgestattet nur mit der eigenen Willenskraft und Improvisationskunst, will ich das Herz des Fünften Kontinents erobern und meinen lang gehegten Traum wahr werden lassen. Walter und Raimund, zwei Freunde aus Südtirol, haben sich mir angeschlossen. Wichtiger Teil unserer Ausrüstung ist ein Fahrradanhänger, den wir im täglichen Wechsel durchs Outback ziehen. Der zweirädrige Anhänger ist unsere rollende Küche, mobiles Ersatzteillager, Wasserdepot, kurz, der Mittelpunkt unseres Lebens für die kommenden drei Monate.

Das letzte Stück Asphalt auf unserer Route führt uns über 350 Kilometer von Perth nach Osten bis zum Wave Rock bei Hayden. Fünfzehn Meter hoch ist dieser Felsen in der Form einer Welle, und wer lange genug auf die Farben des Gesteins starrt, weicht schließlich unwillkürlich zurück, um nicht von der steinernen Flut weggerissen zu werden. Die Fahrt mit dem Anhänger ist gewöhnungsbedürftig. Schwer beladen, sinkt er auf sandigen Pisten ein, holpert über Schotterbrocken und zwingt den Radler ständig, sich auf die Straße zu konzentrieren. Aber er ist unverzichtbar für unsere kleine Gruppe. Keiner murrt, wenn er die Last an das Fahrrad nehmen muss.

Schlimm ist die Hitze. Fünfzig Grad und mehr dörren die Lungen aus, lähmen den Körper und machen die Gedanken träge. Um Hitze und sengenden UV-Strahlen zu entkommen, weichen wir in die Abend- und Nachtstunden aus. Drei Solarzellen sammeln tagsüber Energie, um die Akkus für die Lichtanlagen zu betreiben. Meine Begleiter, ohnehin nicht begeistert von den Nachtfahrten, wollen zum Ausgleich tagsüber im Schatten ausruhen. Schattige Bäume aber sind selten, und mir sind die lindernden Fahrtwinde allemal lieber als die ewig lästigen Buschfliegen, die kribbelnd und schwirrend jeden

Quadratzentimeter unbedeckter Haut als ihre Spielwiese beanspruchen.

Erste Spannungen belasten die Fahrt. Ich beginne darüber nachzudenken, ob ich mich auf meinen früheren Reisen zu sehr zum Einzelgänger entwickelt habe. Trostlos und verlassen liegt die Gegend um Coolgardie und Kalgoorlie. Vergessen die Zeit des Goldrauschs, als dort vor 120 Jahren innerhalb weniger Monate 25 000 Menschen einfielen, getrieben von der Gier nach Geld und Gold.

Das Museum in Coolgardie erinnert daran, dass in diesem Ort einst dreiundzwanzig Hotels, sechs Banken und unzählige Kneipen aus dem Boden gestampft worden waren. Längst aber ist das Goldfieber abgeklungen, nur noch die geschundene Erde zeugt von der rücksichtslosen Ausbeutung. Die Nachkommen der wenigen Menschen, die hiergeblieben sind, trösten sich in den Pubs über die Trostlosigkeit der Einöde hinweg.

Wenige Tage später ziehen wir unseren wieder voll bepackten Anhänger weiter Richtung Norden. Leonora heißt unser nächstes Ziel. Nicht einmal 800 Einwohner leben heute noch in der Siedlung, die zu Beginn des 19. Jahrhunderts, als die Goldminen florierten, sogar eine eigene Straßenbahn besaß.

Die Entfernungen zwischen den Dörfern werden größer, und Campingplätze gibt es keine mehr. Fortan schlafen wir im Freien, über uns den weiten, unaufhörlich blinkenden Sternenhimmel, um uns tiefe Dunkelheit und die Stimmen der Nacht. Die Angst vor Schlangen lässt nach, das unmittelbare Erleben der Natur überwältigt.

Laverton empfängt uns mit Argwohn. Am Ortseingang warten gleich mehrere Polizisten, die uns höflich, aber bestimmt einen Zeltplatz im »Van Park« zuweisen und uns für den nächsten Morgen auf die Wache bestellen. Unsere Papiere werden überprüft, und die »Cops« fragen nach unseren Plänen. Der Gunbarrel Highway liegt vor uns: 580 Kilometer steinerne Einsamkeit, 480 davon ohne Wasserversorgung. Für die notwendigen Reserven reicht selbst unser Anhänger nicht aus. Und die Polizisten haben überhaupt keine Lust, in ein paar Tagen drei halb verdurstete Biker aus dem Outback zu bergen.

»Jungs«, sagen sie und schauen uns fragend an. »Wo wollt ihr euer Wasser herbekommen?«

»Gute Frage«, antworte ich, »vielleicht von jemandem hier im Dorf?«

Constable Fitzpatrick kommt uns dann entscheidend entgegen, indem er anbietet: »Ihr kauft das Wasser im Supermarkt, und wir bringen es euch raus. Wir fahren dieselbe Strecke wie ihr, denn wir haben in den Settlements der Aborigines einige Dinge zu klären.«

Am nächsten Morgen kaufen wir vierzehn Wasserbehälter zu je zwanzig Liter. Die Polizisten nehmen sie mit und deponieren alle siebzig Kilometer je zwei Wasserbehälter im Gebüsch auf der linken Straßenseite – so lautet der Plan.

Raimund, selbst ein ehemaliger Polizist aus Bozen, schaut mich fragend an. »Meinst du, dass die Aktion funktioniert?«

»Natürlich. Wenn die Polizisten uns das sagen, dann glaube ich ihnen.«

»Ja, das schon. Aber die Sache mit dem Gebüsch auf der linken Straßenseite im Outback, das ist ja schon ein bisschen an den Haaren herbeigezogen, oder?«

»Nein, ich denke, die Polizisten sind seriös, und wir können uns auf sie verlassen«, beruhige ich ihn.

Wir verabreden bestimmte unauffällige Markierungen, damit niemand auf die Depots aufmerksam wird. Zusätzlich schreiben die Beamten noch auf die Behälter: »Don't touch! Property West Australian Police Force!« – »Finger weg! Besitz der westaustralischen Polizei!« Wir kommen aus dem Staunen nicht mehr heraus.

Der weitere Plan sieht vor, dass die Polizisten auf ihrer Rückfahrt nach Laverton die leeren Kanister wieder mitnehmen und die fünfzehn Dollar Pfand auslösen. Constable Fitzpatrick fragt uns, was mit dem Geld gemacht werden soll. Wir sind einstimmig der Meinung, dass das Geld einem guten Zweck in Laverton zur Verfügung gestellt werden solle. »Ihr meint damit eine Party auf der Polizeiwache?«, fragen die Polizisten scherzhaft.

Wir antworten ebenso augenzwinkernd: »Natürlich, es gibt doch wohl kaum einen besseren Zweck?«

Zwei Tage später versinkt unser Plan im roten Schlamm Australiens. Im Zeitraffertempo jagen graue Wolkenfetzen über den Horizont, ballen sich zu dunklen Gebirgen und entladen sich in Sturzbächen übers Land. Kindern gleich, planschen wir durch knietiefe Pfützen.

Die Folgen des Regens sind wahrlich fatal. Die Sandpiste wird zur Schlammrutsche, die Räder bleiben stecken, der Anhänger beißt sich wie ein Anker in den klebrigen Untergrund. Das Radfahren wird zur Tortur. Im Kampf mit den äußeren Bedingungen zieht sich jeder von uns in sich zurück. Kleinigkeiten provozieren Streit – wir führen Krieg gegeneinander. Ich bin genervt und ungeduldig. Fast wäre es mir lieber, ich könnte allein weiterfahren. Das Erreichen meines Ziels ist mir wichtiger als die Probleme meiner Reisepartner. Jede Menge Zeit, Geld und Energie stecken jetzt schon in dieser Reise, da kommt ein Aufgeben für mich nicht infrage.

Wir igeln uns ein, fahren tagelang schweigend durch die Ödnis, versuchen uns aus dem Weg zu gehen. Die Notwendigkeit, dies hier zu überleben, führt uns kurzfristig immer wieder zusammen. Die Aufgabenverteilung im Team sieht für mich die Rolle des Kochs vor, denn ich lasse mich während einer Tour nur ungern von anderen Menschen bekochen. Ich muss aber auch dafür sorgen, dass meine Gefährten bei Kräften bleiben. Material für ein Feuer zu finden ist nirgends ein Problem.

Schwieriger ist die Wasserversorgung bei knappen Vorräten. Mit dem Fernglas setze ich mich unter einen Baum und beobachte die Vögel. Sie fliegen ruhig und in wunderbaren Formationen zu den Wassertümpeln oder auch zu den künstlich angelegten »Billabongs«, die das Wasser für die Rinder bereithalten. In trockenen Bachläufen lohnt es sich, in der Nähe von Bäumen nach Wasser zu graben – aber das setzt viel Erfahrung und einen Blick für das Gelände voraus.

Am Ende des Gunbarrel Highways treffen wir nochmals auf Constable Fitzpatrick. Wir bedanken uns für seine Mithilfe, doch sein Kopfschütteln über unsere »Selbstmordmission« ist kein bisschen verständnisvoller geworden.

Rote Felskuppeln und Meteoritenkrater

Blutrot leuchtet der Fels in der Dämmerung. Der Ayers Rock, von den Ureinwohnern »Uluru« genannt, ist das bekannteste Wahrzeichen der Region. Der Fels bildet den geografischen Mittelpunkt des Kontinents und spielt in der Kultur der Aborigines eine zentrale Rolle. Kaum weniger eindrucksvoll aber sind die rostroten Felskuppeln der Olgas oder Kata Tjuta, die wie der Ayers Rock im Uluru National Park liegen.

Vor 12 000 Jahren siedelten die Ureinwohner am Fuß dieser Gesteinsformationen und fanden dort zu den mythisch-religiösen Wurzeln ihres Daseins. Heute ist der Ayers Rock das wohl populärste Ausflugsziel aller Australientouristen. Für uns, die wir aus der Wildnis kommen, bieten die Shorts- und Kameraträger ein interessantes Schauspiel.

Tage später verschluckt uns wieder die Einsamkeit der Staub- und Schotterpisten. Auf dem Weg nach Alice Springs passieren wir die Henbury Meteorite Craters. Riesengroße Meteoritenbrocken haben vor Urzeiten Löcher in die Erde gerissen. Das größte dieser Löcher misst 180 Meter im Durchmesser und ist 15 Meter tief. Inmitten der zwölf Krater wird etwas von der Urgewalt spürbar, mit der vor vielen Millionen Jahren unsere Erde geformt wurde.

Ob die Krater Heiligtümer der Aborigines waren, lässt sich nicht nachweisen. Zum einen ist es den australischen Ureinwohnern verboten, ihre Legenden mit Europäern zu teilen. Zum anderen ist nicht erwiesen, ob die Aborigines-Stämme aus dieser Gegend das Kraterfeld überhaupt kannten. Trotzdem kursieren Gerüchte, dass diese Formation übersetzt so viel wie »Sonne geht Feuer Teufels Felsen« bedeutet, was darauf schließen ließe, dass die Aborigines den Fall des Meteoriten beobachtet haben.

Wir verbringen die Nacht in unseren Zelten in der Umgebung dieser Krater. Das ist zwar nicht erlaubt, wir tun es aber trotzdem. Radfahrer haben ja immer einen guten Grund, ein bisschen anders zu sein. Spät am Abend verkrieche ich mich in meinen Schlafsack. Das Holzfeuer knistert, ansonsten ist es weitgehend still. Unsere Kommunikation beschränkt sich auf das Wesentliche. In diesem Moment ist es vielleicht auch besser, dem gelegentlichen Heulen der Dingos zuzuhören.

In Alice Springs tauchen wir wieder ins Leben ein. Für uns ist das regelrecht »Großstadtflair« mit Hotels, Supermärkten, Menschen in der Fußgängerzone, Souvenirgeschäften, Wüstensafaris und jeder Menge an Ureinwohnern, die ziellos durch die Straßen schlendern. 24 000 Menschen leben hier im Outback – 1500 Kilometer von allen anderen großen Städten entfernt. Anfangs führten nur Kamelkarawanen hierher, ab 1920 dann wurden diese von Lastwagen und wenig später von der Eisenbahn abgelöst. Heute wäre ein Leben ohne den Flughafen undenkbar.

Die Hälfte der Strecke ist geschafft, und wir stehen vor wichtigen Entscheidungen. Immer noch schwelt der Konflikt im Team. Wir einigen uns auf eine Reiseauszeit von fünf Tagen, damit jeder für sich entscheiden kann, wie es weitergehen soll: entweder im Team oder jeder für sich. Gemeinsam ankommen, das ist und bleibt unser Ziel. Wir suchen nach Möglichkeiten, Spannungen im Team abzubauen. Die einfachste ist, sich für einige Tage zu trennen.

In Marla, einer 80-Seelen-Siedlung 430 Kilometer südlich von Alice Springs, beginnt der Oodnadatta Track. Ich entscheide mich für eine Solofahrt und will die Wüstenpiste allein unter die Räder nehmen. Meine Begleiter fahren auf dem asphaltierten Stuart Highway nach Coober Pedy, um dort die berühmten Opalminen zu besichtigen. In einer Woche wollen wir uns dann in Williams Creek wiedertreffen.

610 Kilometer Steine, Sand und Staub liegen zwischen Marla und Maree, dem Endpunkt des Oodnadatta Track. Dazwischen gibt es lediglich zwei Ortschaften: Oodnadatta mit etwa 200 und Williams Creek mit 15 Einwohnern. Durch meine zahlreichen Wüstentrips bin ich mit den extremen Bedingungen vertraut, weiß mich entsprechend zu verhalten und nehme mir Zeit, das Land und meine kurze Solotour zu genießen. Die Stille, verbunden mit der Erleichterung, mal nicht bei Entscheidungen auf Mitreisende achten zu müssen, gibt mir das Gefühl von Freiheit. Die unscheinbaren Kleinigkeiten am Rande der Piste, das Farbenspiel zu verschiedenen Tageszeiten und die unendlichen Weiten zwischen blauem Himmel und roter Erde – all dies bringt mich wieder zu meinem eigenen Rhythmus von Radfahren, Schauen und Erleben.

Im herben Kontrast dazu steht das Leben in den Outback-Siedlungen. In Oodnadatta erlebe ich zum Beispiel einen schrecklichen Unfall. Ein kleiner Junge ist mit seinem Bike unter die Räder eines Lastenfahrzeugs gekommen. Ein Bild des Grauens, das mir bis heute immer wieder vor Augen tritt. Man erwartet derartige Unfälle vielleicht in Städten, aber nicht hier in der Abgeschiedenheit.

Überhaupt gelten da draußen andere Gesetze. Den wenigen Menschen, die dort ihr Zuhause haben, macht es offensichtlich nichts aus, umgeben von ihren »Wheelie bins«, den australischen Mülltonnen, und dürren Bäumen in der Einsamkeit zu sitzen. Die Maßstäbe eines Mitteleuropäers sind auf die Lebensbedingungen in der australischen Wüste eben nicht immer anwendbar. Das Leben dort diktieren andere, härtere und viel direktere Spielregeln. Mich treibt die Sehnsucht nach Wüsteneinsamkeit schnell wieder weg.

In Williams Creek muss ich dann einen Tag auf meine Begleiter warten. Das Wiedersehen verläuft einigermaßen versöhnlich. Das Alleinsein hat uns anscheinend allen gutgetan und war wohl einfach nötig. Denn drei erwachsenen Menschen fällt es eben schwer, über mehrere Wochen hinweg 24 Stunden am Tag zusammen zu sein. Irgendwie sind wir nun wieder motiviert und machen uns auf den Weg nach Maree mit dem berüchtigten Birdsville Track im Visier.

Lebensfeindlich ist noch eine schmeichelhafte Bezeichnung für diesen bevorstehenden Abschnitt unserer Tour. Bei Temperaturen bis 52 Grad ist die Hitze gnadenlos und die Einsamkeit sogar körperlich spürbar. Ich habe Verständnis für die Sorgen meiner Begleiter, denn Urlaub sieht in der Tat anders aus. Doch habe ich sie vor der Reise ausdrücklich gewarnt, dass eine derartige Fahrradtour durch das Outback kein Honigschlecken sein wird.

Der Tod ist tatsächlich allgegenwärtig in diesem Teil Australiens. Selbst Autofahrer meiden diese Piste nach Möglichkeit oder melden bei Bekannten eine ungefähre Ankunftszeit an, wenn sie unbedingt da durchbrettern müssen. Die Piste ist wirklich nur für extrem abenteuerhungrige Menschen empfehlenswert.

Trotz Anhänger mache ich Druck auf die Pedale und entferne mich schnell aus dem Blickfeld meiner Partner. Ich fahre den ganzen Vormittag allein vorneweg. Plötzlich nähere ich mich einem Häuschen am Straßenrand. Ein Schild mit der Aufschrift »Cold Beer« ist in Australien nichts Außergewöhnliches, denn kaltes Bier scheint Treibstoff für die Hälfte der Bevölkerung zu sein.

Ich lehne das Fahrrad an den Zaun und gehe in das Lokal. An der Theke steht ein Mann. Lächelnd meint er: »Na, wo hast du deine Kollegen gelassen?«

Ich bin überrascht und frage zurück: »Woher weißt du, dass ich mit anderen unterwegs bin?«

»Ich habe euch aus dem Hubschrauber beobachtet. Ich fliege für eine große Farm, treibe die Tiere zusammen und bin jetzt auf dem Rückweg.«

»Aha. Und wo ist dein Hubschrauber?«, frage ich neugierig.

»Der steht auf dem Parkplatz hinter dem Pub«, meint er.

»Dann könntest du ja meinen Freunden ein kaltes Bier oder eine Cola bringen, oder?«, witzele ich.

Mein spontaner Vorschlag bringt den Piloten zum Lachen. »Warum nicht«, meint er. »Ich fliege ja sowieso über der Straße zurück zur Farm.«

Schnell habe ich die Dosen gekauft und in nasses Zeitungspapier eingewickelt. Schon Minuten später sind die kalten Getränke auf dem Weg ins Outback zu Raimund und Walter. Die beiden haben sich die erfrischende Überraschung verdient.

Nach unserer Abfahrt vom »Birdsville Hotel« in Richtung Brisbane hatte Raimund einen Felgenbruch. Er musste die 600 Kilometer nach Charleville als Mitfahrer in einem Truck überbrücken. Von Charleville bis nach Brisbane hatten wir den Luxus einer Asphaltstraße. Die Erleichterung, dass wir diese Tour quer durch den australischen Kontinent doch noch gemeinsam beendeten, war sicherlich von unseren Gesichtern abzulesen.

Einige Jahre später hatte ich dann nach all den Anstrengungen und Unstimmigkeiten während unserer Fahrt durch die Wüste Australiens zwei entscheidend positive Erlebnisse. Als Raimund erfuhr, dass ich mitten in der Vorbereitungsphase zu einer neuen Fahrradtour in die höchsten Bergregionen der Welt steckte, rief er mich an und fragte, ob er wieder mitkommen könne.

Ich war sehr überrascht und bat ihn, sich in einigen Tagen noch mal zu melden. Ich wollte mir den Sinn und Unsinn seiner Entscheidung überlegen, wälzte die Idee hin und her, und nach langen Gesprächen mit meiner

Frau entschloss ich mich, ihn wieder mitzunehmen. Wie vereinbart, rief er an, und wir organisierten ein Treffen in Bozen.

Als er meinen Entschluss hörte, war er sichtlich erfreut. Während der Tour zu den höchsten Pässen der Welt war Raimund dann auch der Angenehmste in der Gruppe der sechs ausgewählten Radfahrer. Es schien mir, als hätte er ein Bedürfnis gehabt, mir auf diese Art und Weise zu danken. Die für ihn ziemlich schräge Tour durch Australien war für alle anstrengend gewesen.

Menschen verändern sich und sehen ihre Fehler oft erst zu einem späteren Zeitpunkt ein. Sie haben dann das Bedürfnis, es wiedergutzumachen. Kann man dies akzeptieren, ist es eine schöne Sache für alle Beteiligten. Die etwas lustigere Geschichte von meinem Australienmitfahrer Walter erfuhr ich aber erst einige Jahre später.

Ich war in Bozen in einem kleinen Buchgeschäft und wurde von der noch sehr jungen Verkäuferin von allen Seiten mit großen Augen angestarrt.

»Sind Sie nicht Tilmann Waldthaler?«, fragte sie mich nach einer Weile.

»Ja, der bin ich«, bestätige ich.

»Sie waren doch mit meinem Vater Walter Gargitter in Australien unterwegs, stimmt's?«

»Ja, genau.«

»Das war eine tolle Geschichte, er erzählt uns immer noch von diesem Erlebnis.«

Was so toll und lustig an der Geschichte war, gab sie dann auch gleich zum Besten: »Ich war damals noch klein. Meine Mutter hatte mir und meinen Geschwistern während der Abwesenheit unseres Vaters verboten, die Tür zu öffnen, wenn jemand klopfte. Also guckten wir immer zuerst durch das Schlüsselloch, um zu sehen, wer vor der Tür stand. Unser Vater war ja drei Monate in Australien unterwegs gewesen und hatte sich einen Bart wachsen lassen. Als er nach Hause kam, klopfte er an die Tür. Wir guckten durch das Schlüsselloch und sahen einen bärtigen, braun gebrannten Mann vor der Tür stehen. Erschrocken liefen wir zur Mutter in die Küche und riefen: Mama, da steht ein wilder Teufel mit Bart vor der Tür! Geh du mal hin und schau dir den an, da bekommt man Angst! Natürlich war die Freude groß, als wir seine Stimme hörten und begriffen, dass der Mann kein wilder Teufel, sondern unser Vater war.«

Mein Fazit: Sicher ist in den Köpfen anderer Menschen eine derartige Reise etwas Schönes und ein Weg, um den wohlverdienten Urlaub mal ganz anders zu verbringen. Viele Menschen träumen davon, eine Zeit lang auszusteigen, und doch haben diese Leute so gut wie keine Ahnung davon, was während einer drei Monate dauernden Fahrradtour alles bewältigt werden muss. Zumal wenn die Reise durch die harschesten und unfreundlichsten Regionen der Welt geht. Urlaub stellt man sich eben angenehm vor: Sonnenschein, Wärme, Rückenwind, saftige Steaks, wenig Regen, lange schlafen und vieles mehr.

Genau das Gegenteil ist aber bei einer Wüstendurchquerung der Fall. Da nützen kein Erklären, Videosgucken und Bücherlesen. Wir leben in einem »What's App«-Zeitalter, in dem jeder Mensch mit dem Druck auf eine Taste alle Infos in die Hosentasche geliefert bekommt. Da darf man sich dann aber nicht wundern, wenn die Tour von der Hosentasche in die Hose geht. Das Einzige, was einem eine solche Reise begreifbar macht, ist, die Tour am eigenen Körper zu erfahren. Dabei wünsche ich jedem eine gute Vorbereitung und ein erfülltes Unterwegssein.

KAPITEL 9

Und wieder auf dem Savannah Way

Daly Waters liegt einige Kilometer unter dem 16. Breitengrad, und da kann es natürlich auch in den Wintermonaten während der Nacht frisch werden. Tagsüber steigt das Thermometer dann aber wieder ganz locker auf über dreißig Grad. Das sind die Wintermonate in den Tropen.

Der angenehme Südwind treibt mich nach Larrimah mit seinen zwanzig Bewohnern. In diesem winzigen Ort will ich auf dem Campingplatz übernachten. Es ist einfach schön, diese Minidörfer zu besuchen und am Abend mit den Einheimischen ein Bierchen zu trinken. Das Pub in Larrimah gilt als Ort mit viel Geschichte. Gleich neben dem Hotel gibt es auch ein kleines Museum, in dem die Entwicklung des Ortes sehr schön erzählt wird. Die einstige Eisenbahnlinie von Darwin nach Larrimah-Birdum wird hier anhand von Bildern dargestellt und erklärt. Auch die erste Telegrafenverbindung zwischen Sydney und London hatte in Larrimah eine Zwischenstation. Während des Zweiten Weltkriegs wurde von hier aus der

Luftwaffenstützpunkt in Gorrie mit allem Wichtigen versorgt.

Zu meiner Verwunderung stelle ich fest, dass ich an dem Abend der einzige Gast im Pub bin und meine Getränkerechnung gerade mal vier Dollar und fünfzig Cent ausmacht. Das Mädel hinter der Theke hat keine große Lust, noch länger auf Kundschaft zu warten, sie nimmt die Schlüssel aus dem Kasten und macht die Bude dicht. »Willst du noch ein Bier ins Zelt mitnehmen?«, fragt sie immerhin.

»Nein danke, es reicht.« Allein im Zelt hocken mit einem Bier, das will ich nun wirklich nicht.

Als ich zu meinem Rastplatz zurückkomme, stehen zwei soeben angekommene Radfahrer neben meinem Zelt und bewundern mein Fahrrad. »Wo kommt ihr denn her?«, frage ich.

»Wir sind in Neuseeland gestartet, fahren nach Darwin und fliegen von dort nach Südostasien.«

»Seid ihr Kiwis?«, frage ich verwundert.

»Nein, wir sind Aussies.«

Nachdem sie ihr Zelt aufgestellt haben, sitzen wir noch vor dem Pub und erzählen uns von unseren Reisen. Am nächsten Tag fahre ich schon sehr zeitig los. Die beiden werden mich aber unterwegs sicher einholen. Sie sind jünger und kräftiger.

Gegen zehn Uhr sitze ich an einer Straßenausbuchtung, in der eine kleine Hütte mit Bank, Tisch und einem 3000 Liter fassenden, in den Boden zementierten Wasserbehälter mit Zapfhahn steht. Diese »Rest Areas« steuere ich immer gerne für eine kleine Pause an. Manchmal übernachte ich auch hier, weil alles, was man braucht, vorhanden ist. Früher waren die »Rest Areas« noch wahre Oasen für Reisende. Heute sind Ruhe und Beschaulichkeit nicht mehr unbedingt gegeben.

Denn wenn es in den Ortschaften der Ureinwohner Probleme mit der Wasserversorgung gibt, dann fahren die Aborigines mit drei oder vier Autos voll bepackt mit Plastikbehältern zu den besagten Tanks. Während sie ihre Kanister befüllen, verweilen sie gern stundenlang bei lauter Musik und Geschrei. Alles legitim, alles verständlich – nur blöd gelaufen für den Radfahrer, der sein Zelt dort aufgeschlagen und den Wasserhahn aufgedreht hat in der Hoffnung, einen oder zwei Liter Wasser aus dem Tank zu erhalten. Wenn aus dem Wasserhahn dann aber nur heiße Luft austritt, bekomme ich einen dicken Hals.

Heute jedoch ist alles in Ordnung. Schatten und Wasser sind vorhanden, ich bereite mir dort mein Frühstück zu. Dazu nehme ich das Wasser aus dem Tank und koche die gewünschte Menge im Topf ab. Natürlich sind da draußen viele Echsen, Vögel, Ameisen, Insekten und auch Schlangen unterwegs, die auch ihren Anteil von dem köstlichen Nass haben wollen. Es ist deshalb keine schlechte Idee, an diese Tanks ein bisschen vorsichtiger heranzugehen. Von den Gemeinden oder den Straßenarbeitern werden sie in bestimmten Abständen mit einem Wassertankwagen aufgefüllt. Oben am Tank befindet sich eine größere Öffnung, in die der Schlauch zum Befüllen geschoben wird. Da kann es durchaus passieren, dass manche Tiere, die in den Bäumen über dem Tank leben, hineinfallen. Auf vielen Tanks sind aus diesem Grund auch Warnschilder aufgeklebt.

Heute habe ich mir einen kurzen Tag vorgenommen und fahre nur bis Mataranka, einem Ort mit angenehm warmen Quellen. Ich habe diese Quellen von meiner ersten Fahrradtour in Australien im Jahr 1977 noch gut in Erinnerung. Es war herrlich, denn ich war allein in einem tropischen Wasserloch unter Palmen im Norden Australiens.

In der Zwischenzeit sind diese warmen Löcher zu einer Attraktion ausgebaut worden, und es werden Hunderte Touristen mit Reisebussen herangekarrt. Mir gefällt es nicht, mit vielen Touristen in einem warmen Wasserloch zu stehen. Der Campingplatz ist aber sehr schön und angenehm, und ich verbringe den Abend mit netten Australiern an einem Lagerfeuer. Es ist immer wieder schön, mit anderen Reisenden über die verschiedensten Erlebnisse zu diskutieren. Wir haben alle tolle Geschichten zu erzählen.

Die 105 Kilometer zwischen Mataranka und Katherine habe ich mit Rückenwind bis um zwei Uhr mittags geschafft. In Katherine, einem wichtigen Verkehrsknotenpunkt im Outback, werde ich mich zwei Tage lang aufhalten. 6000 Menschen leben hier, die meisten von ihnen Aborigines. Von hier geht es auf dem Savannah Way hinüber in den Westen des Kontinents. Die Straße ist durchgehend asphaltiert. Mit den berüchtigten Überflutungen in diesem Gebiet ist um diese Jahreszeit nicht mehr zu rechnen.

Die Bewohner der Stadt Katherine im Northern Territory erinnern sich noch mit Schaudern an die schrecklichen Fluten und Überschwemmungen im Januar und Februar 1998, die der tropische Wirbelsturm »Les« mit sich brachte. Die Stadt stand damals mehr als zwei Meter unter Wasser, der Wasserpegel des Katherine River lag bei zwanzig Meter. Die Regierung erklärte das gesamte Gebiet zum Katastrophengebiet und brachte 1300 Soldaten nach Katherine, die bei den Aufräumarbeiten Hand anlegten.

Es ist schwierig, das Ausmaß derartiger Überschwemmungen wirklich zu verstehen. Eine Schlagzeile jagte die andere. Berichte in den Medien handelten von abenteuerlichen Begegnungen und Schießereien in der Stadt, bei denen es darum ging, sich die gefährlichen Krokodile, die durch die Straßen von Katherine schwammen, vom Leib zu halten.

Australien ist ein abenteuerlicher Kontinent. Waldbrände, Wirbelstürme, Dürre und Überschwemmungen machen immer wieder Schlagzeilen. Viele Menschen sind den Naturgewalten zum Opfer gefallen, und dennoch oder vielleicht gerade deshalb lieben die Leute das

Land. Nirgends in der Welt kann das Abenteuer so schnell und so gewaltig und so direkt vor der Haustür oder im Garten zuschlagen wie hier. Ich habe selbst vier schwere Wirbelstürme miterlebt, und ich muss gestehen: Es ist aufregend, spannend und ein ganz besonderes Erlebnis, einem Wirbelsturm zuzusehen, wie er sich langsam mit enormer Wucht über die Küste vorarbeitet. Man kann Position, Stärke und die Bewegung des Wirbelsturms im Internet verfolgen – bis die bislang virtuelle in die echte Realität übergeht und die Stromversorgung zusammenbricht.

Noch sehr lebendig ist in mir die Erinnerung daran, wie ich mit meiner Frau Renate bereits lange vor der Ankunft des Wirbelsturms »Yasi« am 3. Februar 2011 die Sicherheitsvorkehrungen im Haus und im Garten in Gordonvale traf. Im Haus haben wir einen großen, wasserdichten Behälter, in dem wir unsere Notrationen aufbewahren: Wasser, Kaffee, Tee, Milch und Müsli. Außerdem bunkern wir dort einen Kurzwellenempfänger, Stirnlampen und zwei kleine Gasflaschen, Töpfe, Tassen, Besteck, Batterien, Hundefutter für unseren Freund und eine Flasche Rotwein. Wenn in den Tropen etwas passiert, dann geschieht es meist sehr schnell, und in solchen Fällen ist es wichtig, gut vorbereitet zu sein.

Die Topfpflanzen hatten wir ins Haus gebracht, die Gartenmöbel auf der Terrasse in eine Ecke gestellt und festgezurrt. Die Badewanne war mit Wasser gefüllt, das

Auto vollgetankt. Mit dem Ersatzaggregat für den Notstrom hatten wir einen Probelauf durchgeführt, der Hund wurde von seinem Platz in der Garage ins Haus verfrachtet. Mit einer Flasche Wein, Kerzen und Verpflegung saßen wir dann im Haus und bereiteten uns gedanklich darauf vor, wie »Yasi« mit Geschwindigkeiten von bis zu 300 Kilometern auf die Küste in Cairns zuraste. Solange es Strom gab, saß ich am Computer und verfolgte die Bewegungen des Wirbelsturms. Sein Ausmaß und seine Wucht kamen mir vor wie die Gewalt von einem anderen Planeten.

Der Pfad, der genaue Ort und Zeitpunkt, zu dem ein Wirbelsturm an Land geht, sind nur sehr schwierig zu bestimmen. Die Wucht und Kraft, die sich im Inneren des Sturms entwickeln, kann man zwar messen, doch sieht man meist erst nach der Katastrophe das genaue Ausmaß. Wir hatten Glück, der Sturm wechselte vor der Küste die Richtung.

Cardwell, ein kleines Dorf etwa 180 Kilometer südlich von Cairns, war am nächsten Tag nicht wiederzuerkennen. Die Zerstörung war enorm. Bis zu diesem Zeitpunkt hatte es nur einen Wirbelsturm mit ähnlich zerstörerischen Kräften in Australien gegeben: Zu Weihnachten 1974 hatte der Zyklon »Tracy« die Stadt Darwin im Norden Australiens regelrecht umgekrempelt. Mit 71 Toten sowie vielen Vermissten und Verletzten war es für mich der erste Wirbelsturm, den ich unmittelbar miterlebte.

Der Zyklon »Tracy«

Heiligabend in der Küstenstadt Darwin im nördlichen Australien. Die Menschen eilen durch das Städtchen, um die letzten Geschenke für das bevorstehende Weihnachtsfest zu kaufen. Tief hängende Regenwolken und die üblich hohe Luftfeuchtigkeit treiben einem den Schweiß aus den Poren. Der lokale Radiosender unterbricht das Musikprogramm und verkündet eine für dieses Gebiet nicht ungewöhnliche Wirbelsturmwarnung. Doch die Stadt feiert bereits Weihnachten.

Die Menschen wissen, dass diesen Wirbelstürmen bei der Annäherung an das Festland meist der »Biss« genommen wird und sie sich irgendwo im Landesinneren als ein etwas stärkerer Wind austoben. Diesmal aber werden die Warnungen in immer kürzeren Abständen verkündet. Dennoch will niemand daran glauben, dass ausgerechnet an Heiligabend eine Katastrophe heranziehen könnte. Bier, Wein und Whisky fließen in noch größeren Mengen als sonst, denn schließlich ist ja Weihnachten. Zuerst werden die Gläser und dann die Mägen der Feiernden gefüllt. Staub und Plastiktüten werden durch die Luft gewirbelt, Fenster klirren. Autofahrer auf den Straßen der Stadt kämpfen bereits mit gewaltigen Windstößen.

Um zehn Uhr abends ist es dann so weit. Der Wind hat sich inzwischen bereits zu einem Orkan entwickelt. Kleinere Bäume liegen entwurzelt in den Gärten, und einige Straßen sind wegen herabgefallener Äste nicht mehr befahrbar. Reklameschilder und Verkehrszeichen schießen auf gefährlichem Kurs durch die Nacht. Die Dächer der meisten Häuser haben keine Dachziegel, wie man das in Europa kennt, sondern große, rechteckige Wellblechplatten aus Aluminium, die auf den Dachstuhl geschraubt sind.

Es sind genau diese Platten, die nun von den Dächern gerissen werden und als gefährliche Flugobjekte durch die Nacht schwirren. Von Panik ergriffen, stürzen die Menschen aus ihren Häusern und stemmen sich mit letzter Kraft gegen den Sturm – verzweifelte Schreie ersticken im heulenden Orkan. »Tracy« spielt nun die volle Gewalt einer Katastrophe aus und zerstückelt die Stadt, Stück für Stück und Vorort für Vorort. Übrig bleibt ein Trümmerhaufen. Das Heulen des Windes ist ohrenbetäubend. Man weiß nicht mehr, was einem entgegengeflogen kommt. Es ist die schrecklichste Nacht meines Lebens.

Gezeichnet von ihren Erlebnissen, stehen die Bewohner am nächsten Tag im Morgengrauen und schütteln verzweifelt die Köpfe. Das Ausmaß der Verheerungen kann zu diesem Zeitpunkt noch niemand wirklich überblicken. Erst nach und nach, als sich die Rettungsmannschaften durch das Chaos kämpfen, erfährt man von den vielen Toten und Verletzten. Während der Nacht war ich mit mir selbst und meinen Gedanken zu beschäftigt gewesen.

Die Bilanz ist erschreckend: 71 Tote, viele Verletzte und Vermisste. Die Stadt gleicht einem Trümmerhaufen und sieht aus wie nach einem Bombenangriff. Bilder, die man sonst nur aus dem Fernsehen kennt, sind plötzlich zur Realität geworden. Auch von meinem eigenen Haushalt war so gut wie nichts übrig geblieben. Mit dem Dach verabschiedete sich auch eine Kiste, in der ich meine persönlichen Sachen aufbewahrt hatte. In diesem Moment war ich froh, unverletzt und mit dem Leben davongekommen zu sein.

Die Zerstörung war der Anlass, meine damals geplante Radtour früher zu beginnen. Es war ein schreckliches Ende, verbunden mit einem neuen Anfang. Die ersten Tage nach dem Orkan waren für die meisten Leute noch schlimmer als der Orkan selbst. Man stand da, starr blickte man in die Verwüstung und hoffte immer noch, dass das ganze Elend doch nur ein schlechter Traum sein könne.

Bulldozer räumten die Straßen, damit die Hilfsmannschaften ihre Arbeit verrichten konnten. Schnell zusammengeflickte Notunterkünfte wurden errichtet. Die Schulen der Stadt dienten als Küchen und Schlafstätten für die Arbeiter, die sich freiwillig an den Rettungsaktionen beteiligten. Die Menschen in Darwin hatten so eine Katastrophe noch nie erlebt, man war natürlich bemüht zu helfen, doch oft wusste man gar nicht, wie geholfen werden konnte und sollte.

Von der Regierung wurde ein Koordinator eingesetzt, der den Auftrag erhielt, für Ordnung zu sorgen und die Aufräumarbeiten zu leiten. Das Militär, die Regierung und viele Menschen in ganz Australien halfen den Opfern und Betroffenen. Zuerst wurden 28 000 Bewohner der Stadt evakuiert und in vollgestopften Flugzeugen in andere Teile des Kontinents geflogen. Die Wasserversorgung und Elektrizität wurden wiederhergestellt. Das Krankenhaus wurde wieder geöffnet, um die Verletzten zu behandeln. Stadtteile, in denen die Häuser komplett zerstört und nur noch Ruinen waren, wurden dem Erdboden gleichgemacht. Nach einigen Wochen glich Darwin einer leer gefegten Baustelle.

Trotz allen Leids: Es war auch schön, miterleben zu dürfen, wie großzügig Menschen in Notsituationen oft sind. Jeder half jedem, da wir alle in der gleichen Situation waren. Als Koch war ich dafür zuständig, in einer der Schulen für den Kaloriennachschub zu sorgen. Die australische Regierung ließ das Essen in Militärflugzeugen vom Süden nach Darwin heranschaffen, Gemüse und Fleisch mussten so schnell wie möglich verarbeitet werden, denn es gab keine Möglichkeit, die Nahrungsmittel kühl zu lagern. Das waren Zeiten, an die ich mich noch heute erinnere, als wäre alles erst vor Monaten passiert.

Eine neue Generation von Menschen hielt Einzug in der zerfetzten Stadt. Wie Ameisen auf einem Haufen tummelten sich Geschäftsleute, allen voran Bauunternehmer. Es war ja auch sehr großzügig gespendet worden. Alle witterten den Neuanfang, und viele wollten damit schnelles Geld verdienen. Darwin, die einst gemütliche Oase mit viel »Hippie-Flair« am Nordrand des australischen Kontinents, erhielt ein neues Gesicht, verlor aber mit diesem Verwandlungsprozess viel von seinem alten Charme. »Gone with the wind« waren die vielen coolen Menschen und das lockere Ambiente. Darwin war für viele Reisende, die aus Asien kamen, die gemütliche Kleinstadt und der sanfte Einstieg ins australische Abenteuer gewesen: ruhig, locker, »easy and no problems«. Viele Hippies waren froh, dem asiatischen Chaos entflohen zu sein, und diejenigen, die Australien via Darwin verließen, freuten sich auf das asiatische Chaos mit all seinen Vor- und Nachteilen.

Auch mein eigenes Leben hatte sich nach dem Wirbelsturm verändert. Zuerst arbeitete ich für ein Hotelunternehmen, dann für eine Baufirma als Koch. Nach monatelangen Versuchen, mich an das neue System in Darwin anzupassen, wurde ich innerlich immer unzufriedener.

Ich hatte Jean Pierre Vallée, einen radelnden Belgier, getroffen. Jetzt war es an der Zeit, die Idee einer Fahrradtour umzusetzen. Jean Pierre hatte mir dazu viele Tipps gegeben und sogar ein Fahrrad aus Belgien besorgt. Jean Pierres Grundregel machte Sinn und war die einfachste Sache der Welt: Man sollte für eine Fahrradtour nur ein gutes, wenn möglich das beste Fahrrad benutzen, denn die körperliche Belastung, verbunden mit der mentalen Herausforderung einer Weltreise, ist schon groß genug. Also sollte man sich nicht auch noch mit dem Material herumärgern müssen.

Jean Pierre sagte: »Wenn du eine schöne Fahrradtour machen willst, wirst du den Kauf eines nach Maß angefertigten Fahrrads nie bereuen.«

Meine Augen wurden immer größer. Schon wieder jemand, der mir etwas verkaufen will, dachte ich. Ich lachte, aber mein Kopf verfärbte sich von blass nach knallrot. »Ach so, du meinst wie bei einem Anzug?«

»Da gibt es nichts zu lachen, so ist es, Schluss, aus!«

Für den Preis, den das vorgeschlagene Rad kosten sollte, hätte ich mir auch ein gebrauchtes Auto kaufen können.

Aber ich war hungrig, hungrig nach etwas Neuem. Ich wollte weg von Darwin, weit weg – raus in die Welt und mich neu orientieren. Ich wusste, dass ich zu mehr fähig war, als lediglich Plätzchen zu backen, Nudeln zu kochen und Steaks zu braten. Ich hatte nette Kollegen, die sich aber damit zufriedengaben, sich in ihrem Leben hinter klarer Gemüsebrühe, Wiener Schnitzeln und Schokopudding zu verschanzen, um ja nichts anderes erleben zu müssen.

Ja, und dann war es so weit. Mein neues »maßgeschneidertes« Fahrrad war angekommen. Es stand in meinem Zimmer, und ich konnte es nicht erwarten, die ersten Kilometer damit zu fahren. Ich streichelte es und war ganz stolz. Es war so schön und aufregend. Damals gab es noch keine Fahrradtaschen zu kaufen. Eine Sattlerei nähte das Material für meinen Taschenentwurf zusammen, dann packte ich alles aufs Fahrrad und fuhr los.

Meine erste »Probefahrt« fiel dann schon gleich etwas länger aus: Ich fuhr von Darwin in Australien nach Christchurch in Neuseeland. Bis ich dort war, hatte ich 8000 Kilometer zurückgelegt. Der Anfang war schwer, mein Körper litt, und wenn es kalt, nass und windig war, verfluchte ich mich und das Fahrrad und fragte mich, was mir Jean Pierre da bloß angetan hatte. Maßanfertigung hin oder her, am liebsten hätte ich das teure Rad in den Straßengraben geschmissen. Dazu war es mir dann aber doch zu teuer.

Seither habe ich in siebenunddreißig Jahren 460 000 Kilometer auf verschiedenen Rädern zurückgelegt und insgesamt 143 Länder besucht. Vergessen sind die Schmerzen und das Leiden auf dem Sattel. Gewachsen ist das Selbstbewusstsein, mitgewachsen ist die Liebe zur Freiheit, die mir das Fahrrad ermöglicht, nämlich die Freiheit, dorthin aufzubrechen, wohin ich radeln möchte.

Ich könnte endlos weitererzählen von meinen Reisen, doch darüber habe ich bereits viele Bücher geschrieben. Jetzt bin ich auf dem Savannah Way von Cairns nach Broome unterwegs, und da geht es nun weiter.

Rückenwind

Wenn man von Süden her in Katherine angekommen ist, sind die Möglichkeiten einer Weiterfahrt begrenzt. Der Stuart Highway führt in nördlicher Richtung weiter nach Darwin. Der Victoria Highway führt 513 Kilometer in den Westen bis zur nächsten Ortschaft Kununurra. Dies ist auch für Savannah-Way-Fahrer der nächste größere Ort. Dazwischen gibt es Termitenhügel, viel Outback und zwei Tankstellen. Die eine Tankstelle heißt »Victoria River«, die andere »Timber Creek«. Nachdem ich in Katherine die Katherine Gorge, ein System von dreizehn Schluchten, besucht und für meine Weiterfahrt in Richtung Westen die Gepäcktaschen mit Essen vollgestopft habe, geht es weiter. Ich habe mich vorher gut informiert. Auf dem Weg nach Kununurra gibt es weder viel zu sehen noch Möglichkeiten für den Nachschub. Es werden harte fünf Tage werden.

Die beiden Tankstellen haben zwar ein Restaurant, doch koche ich lieber selbst, um sicherzugehen, dass ich auch genügend Vitamine zu mir nehme. Frischen Salat und kühle Getränke kaufe ich mir einfach in den dazugehörigen Läden. Es ist auch ganz praktisch, dass ich direkt daneben mein Zelt aufschlagen kann.

Gleich zu Beginn der langen Fahrt in Richtung Westen schiebt mich ein leichter Rückenwind voran. Ich ertappe mich immer wieder bei irgendwelchen Berechnungen und Prognosen, die ich im Kopf erstelle. Auf meinem Fahrradcomputer sehe ich, dass die Geschwindigkeit immer zwischen 20 und 22 Kilometer schwankt, und schon beginnt wieder diese Kopfrechnerei: Wenn du einen Schnitt von 20 Kilometern fährst und der Rückenwind ein bisschen mithilft, dann könntest du eigentlich locker 150 Kilometer an einem Tag schaffen und so die Gesamtstrecke von 513 Kilometern nicht wie geplant in fünf, sondern durchaus in vier Tagen bewältigen ...

Mit dem nächsten Atemzug rede ich mir diese Geschichte aber wieder aus. Worin liegt der Sinn dieser Rechnerei, frage ich mich. Es ist doch gehupft wie gesprungen und auch total egal, ob ich jetzt einen Tag mehr oder weniger unterwegs bin. Das ist doch kein Rennen, sondern es war bis hierher immer ein angenehmes Miteinander zwischen Körper und Bike, und so soll es auch weiterhin bleiben. Außerdem habe ich festgestellt, dass ich irgendwann die Quittung dafür bekomme, wenn ich zu sehr hetze, und dann einen Ruhetag einschalten muss, weil ich meinen Körper zu stark beansprucht habe und er rebelliert. Als Vorwand wird dann irgendeine Geschichte an den Haaren herbeigezogen. Doch die Muskeln lügen nicht. Dann rede ich mir wieder gut zu und bringe mich gedanklich zurück auf den Boden der Realität.

Mit zweiundsiebzig Jahren kann ich mit mir und meinem Körper zufrieden sein. 100 Tageskilometer sind für mich realistisch, ohne meinen Körper tags darauf auf Sparflamme schalten zu müssen. Es gibt viele jüngere Menschen, die mehr als zufrieden wären, wenn sie 60 Kilometer am Tag schaffen würden. Ich habe seit fünfzig Jahren auf meine innere Stimme gehört. Zwar habe ich mich körperlich an meine Grenzen gebracht, aber geschunden, wie viele Sportler dies tun oder tun müssen, habe ich mich nie.

Geld, Ruhm und Medienpräsenz waren mir nie so wichtig, dass ich mein Leben aufs Spiel gesetzt hätte. Bei einem abenteuerlichen Leben gelangt man zwangsläufig an seine Grenzen, doch Radfahren, bis mir der Hintern blutet, das ist nicht mein Ding. Wenn andere Menschen daran Freude haben, Bilder und Videos von sich zu zeigen, wie sie sich quälen, dann ist dies ihre Sache.

Tourenfahren ist für mich immer mit bestimmten Risiken verbunden, denn für Radfahrer kann es auf den Straßen der Welt ganz schön hart zugehen. Deshalb sehe ich keinen Sinn darin, die Gefahren auch noch unnötig herauszufordern.

Überholmanöver

Ich bin seit etwa zwei Stunden unterwegs, als plötzlich hinter mir ein Tourenfahrer angerauscht kommt. Die Geschwindigkeit des jungen Mannes überrascht mich. Wir bleiben stehen, und der Kollege erweist sich als mutiger Japaner auf großer Australientour. Seine Handbewegungen deuten an, dass er, wie so viele andere seiner Landsleute, Schwierigkeiten mit der englischen Sprache hat.

»Me Japan«, beteuert er immer wieder. Mit einer Hand zieht er einen großen Kreis in der Luft und fügte hinzu: »Alound Austlalia flom Sydney to Sydney.« Mit der anderen Hand deutet er auf die japanische Fahne, die an seinem Lenker flattert. »Me Japan«, sagt er wieder.

Meine Frage, wo er in Japan wohne, bleibt unbeantwortet. Er hat eine Landkarte von Australien dabei, die nicht größer ist als ein Din-A4-Blatt. Was mich interessieren würde, sind seine Erlebnisse in Down Under, doch dazu reichen seine englischen Sprachkenntnisse nicht aus, während mein japanischer Sprachschatz sich auf die Worte »Sushi«, »Shimano« (japanischer Hersteller von Fahrradzubehör) und »Yoko Ono« beschränkt.

Ich überreiche ihm meine Australienkarte. Mit Bewunderung und vielen »Oooohhhs« ist es ihm ein sichtliches Vergnügen, sie zu studieren. Während er eifrig mit dem Finger seine eigene Route auf der Landkarte verfolgt, fällt mir auf, dass er ein ganz tolles, sogar sehr edles Fahrrad besitzt: Reynolds-Rohre, Brooks-Sattel, Campagnolo-Gruppe. Wer nur ist dieser kleine, junge Kerl mit dem Edelflitzer?

Ich unternehme einen Neustart in Sachen Kommunikation, indem ich auf das Fahrrad deute und frage: »Dein Fahrrad?« »No, me Japan!« Er merkt auch, dass die Kommunikation auf diese Weise langsam anstrengend wird, nimmt einen Zettel aus seinem Tagebuch und schreibt unglaublich schnell in dieser wunderschönen japanischen Schrift etwas auf. Als er fertig ist, überreicht er mir den Zettel und bedeutet mir, dass ich ihn einstecken soll.

Wir fahren los – in dieselbe Richtung zwar, aber nicht zusammen. Schade, wir hätten sicher sehr viele Gemeinsamkeiten. Sein Rad ist alte Schule. Kein Mountainbike, kein E-Bike und kein 29er-Flitzer.

Sein Rhythmus auf dem Rad ist sehr schön anzusehen. Er fährt immer zehn bis fünfzehn Meter vor mir. Sein Alter ist wie bei allen Asiaten nur schwer zu schätzen, vielleicht um die 30 Jahre. Nach zwei Stunden bleiben wir stehen. Es ist sehr heiß. Seine Haut ist dunkel wie die eines Afrikaners.

Wir machen in einem kleinen Bachbett ein Feuerchen, um etwas Wasser zu erhitzen. Er sitzt im Schatten eines Baumes und beobachtet meine Aktion. Nach kurzer Zeit wühlt er in seinen Taschen, holt drei weiche Scheiben Toastbrot, zwölf flache Dosen Sardinen und einen Beutel mit weißem Reis heraus. Ganz unten in der Tasche findet er tatsächlich eine kleine Porzellanteekanne und eine zierlich bemalte japanische Teetasse.

Jetzt wird es lustig. Vielleicht erlebe ich ja in einem ausgetrockneten Bachbett im Outback eine japanische Teezeremonie? Ich bin immer wieder erstaunt darüber, was der Mensch zum Leben alles braucht. Hier beobachte ich nun, wie der japanische Kollege mit viel Gefühl diese

Teezeremonie vorbereitet. Nachdem er den Tee fertig hat, öffnet er eine Dose Sardinen und tunkt zwei Scheiben Weißbrot in dieses eklige Öl. Abwechselnd schlürft er am Tee und schmatzt mit dem Brot und den Sardinen. Zwischen Tee und Sardinen hört es sich an, als brumme er ein Mantra aus fernen Ländern, vielleicht ein japanisches Gebet.

Nach einer halben Stunde ist alles vorbei. Wir haben es tatsächlich geschafft, in diesem Zeitraum kein einziges Wort miteinander zu sprechen. Nachdem wir alles schön in den Gepäcktaschen verstaut haben, geht es zurück auf die Straße. Wir setzen uns auf die Räder und fahren los. In diesem Moment dreht er sich um, hebt seine Hand und sagt: »Good bye.« Es ist eine ehrlich und ernst gemeinte Verabschiedung. Dann tritt er kräftig in die Pedale, und sein Rücken wird immer kleiner, bis ich nur noch einen kleinen schwarzen Fleck im Nichts des australischen Outback verschwinden sehe.

Was für eine Begegnung! Ich bin mir nicht sicher, ob ich ihn bewundern oder doch ein bisschen bemitleiden soll – bewundern wegen seiner Jugend und der Kraft, bemitleiden, weil ich das Gefühl habe, dass so viel an ihm vorbeigeht. In Australien kein Englisch zu sprechen und dann noch allein mit dem Fahrrad unterwegs zu sein, das ist sicherlich kein Pappenstiel.

Da stehe ich nun mit einer neuen Erfahrung, die ich in der Stadt nie gemacht hätte. Es war wunderbar, dort im Bachbett eine etwas ungewöhnliche Teezeremonie mit

Sardinen und Weißbrot erleben zu können. Spätestens jetzt wird mir bewusst, dass man im Grunde ganz wenig braucht, um das Leben genießen zu können. Früher, als ich mit dem Radfahren angefangen habe, hatte ich ganz andere Bedürfnisse und Ziele. Leistung, die Berge und die höchsten Pässe der Welt – darum ging es mir. Die großen Wüsten der Welt wollte ich mit dem Fahrrad durchqueren, die Dschungelgebiete, Afrika und Südamerika.

Mein Motto lautete: »Wo ist die Welt? Gib sie mir, und ich fahre los!« Ich konnte nie und nimmer genug davon bekommen. Heute, mit über siebzig, bin ich immer noch hungrig nach Radfahren und Abenteuer. Es ist aber ein bisschen wie im Supermarkt. Man kauft nur die Dinge, die man braucht, und räumt nicht gleich die Regale leer oder kauft den gesamten Supermarkt auf. Ich bin mit meinen Reisen selektiver geworden und vielleicht auch dem Alter entsprechend etwas bequemer. Es müssen ja nicht noch mal die höchsten Pässe der Welt sein, und es müssen auch nicht Begegnungen mit Freiheitskämpfern und Terroristen sein wie damals im Iran.

Während meiner Weltumrundung habe ich zusammen mit Kindersoldaten in Uganda in den leeren Hütten ihrer an Aids verstorbenen Eltern übernachtet. Neben mir schliefen zwei Kinder im Alter von acht und zehn Jahren, bewaffnet bis an die Zähne mit Gewehren und Granaten.

»Willst du sehen, wie man Leute zum Springen bringt?«, fragte mich der Zehnjährige.

Ich wollte nicht glauben, dass ein Kind überhaupt derartige Gedanken mit sich herumtragen kann. Ich hatte noch nicht geantwortet, da ballerte der Junge schon in Richtung Straße, wo ein Mann mit Aktentasche ging. Der Mann wusste natürlich nicht, woher die Schüsse kamen.

Der Junge blickte mich an und sagte: »Hast du ihn hüpfen sehen? Das Schießen haben wir von den Soldaten gelernt. Wenn wir das tun, was die uns sagen, bekommen wir etwas zu essen, Zigaretten und Ganja zum Rauchen. Wenn du hungrig bist, machst du alles, um einen vollen Bauch zu bekommen.« Das Hirn schon ziemlich kaputt und dann noch Sprengsätze und Gewehre in den Händen. Die Taten und Worte des Zehnjährigen waren erschreckend. Bis heute habe ich dieses Erlebnis nicht vergessen.

Ich trete an der Kurbel in Richtung Kununurra mit einem japanischen Zettel in der Tasche. Was die Enthüllung dieses Zettels wohl ergeben wird? Vor mir liegen noch zwei Raststätten. Die erste werde ich wohl morgen im Lauf des Vormittags erreichen. Heute am Abend gibt es »Camping unterm Sternenhimmel«. Ich habe mich seit meiner Abfahrt in Cairns so sehr an den Sternenhimmel gewöhnt, dass er ein Teil meiner Reise geworden ist.

Meine Ankunft im »Victoria River Roadhouse« ist nichts Besonderes. Ich erkundige mich, ob der rasende Japaner gesichtet wurde, und man erzählt mir, dass er für zehn Minuten stehen geblieben sei, etwas getrunken habe und gleich wieder weitergefahren sei. Auch ich will mich nicht länger hier aufhalten und bleibe lediglich auf ein Getränk und ein Tomaten-Salat-Käse-Sandwich. Als ich zu meinem Fahrrad zurückkehre, stelle ich fest, dass zwei Männer aus einem Auto heraus mein Gefährt bewundern.

»Schönes Bike«, sagt der Fahrer des Wagens, während der Beifahrer nur grinst. »Wo fährst du denn hin?«

»Nach Broome!«, meine ich.

»Von da kommen wir gerade. Hast du auf der Straße Schlangen gesehen?«

»Nein, wieso denn?«, hake ich sofort nach.

»Wir sind Schlangenfänger und suchen die ganz giftigen Reptilien«, erklären sie.

»Tut mir leid, da kann ich euch nicht helfen. Von Schlangen habe ich keine Ahnung, aber es heißt doch, die einzig gute Schlange ist eine tote Schlange, nicht wahr?« Mit diesen Worten setze ich mich aufs Bike und trete in die Pedale. Ich höre die Burschen lachen, während ich mich entferne und die einsame Strecke unter die Räder nehme.

Ist ja gut zu wissen, dass es Schlangen gibt. Vielleicht sollte ich am Abend, wenn es kühler wird, ein bisschen besser achtgeben, damit keines dieser Biester zu mir ins Zelt kriecht. Ich habe in Australien riesige Würgeschlangen gesehen und auch schon in den Händen gehabt. Die schwerste wog zwölf Kilogramm. Ich schlafe ja meist im Zelt, und es wäre gelogen zu behaupten, dass ich mir über Schlangen und giftige Spinnen keine Gedanken mache.

Vor einigen Jahren wurde nämlich ein Radfahrer tot neben seinem Bike gefunden. Es kam heraus, dass der Mann tatsächlich von einer Giftschlange gebissen worden war. Man kann über das Thema lange diskutieren, aber ich glaube, jeder Radfahrer ist sich der besonderen Gefahr bewusst und weiß, dass man im Outback immer Acht geben sollte. Es passieren ständig die unglaublichsten Geschichten, sehr viele leider Gottes mit tödlichem Ausgang, der vermeidbar gewesen wäre, hätte man sich im Vorfeld informiert und die Tiere respektiert. Auch Tiere brauchen ihren Lebensraum, um da draußen zu überleben. Der Eindringling ist in diesem Fall der Mensch.

Inzwischen bin ich in Timber Creek angekommen. Die Ansiedlungen entlang dem Victoria Highway haben alle ihre Existenzberechtigung und eine wichtige Funktion. Meist haben die »Roadhouses« eine beeindruckende Vergangenheit vorzuweisen. Für Radfahrer ist es auch schön zu wissen, dass man häufig von den Mitarbeitern ein freundliches Lächeln geschenkt bekommt. Und manchmal gibt es sogar ein Fleckchen Gras, auf dem man das Zelt aufstellen kann. Wenn man wochenlang in diesen trockenen Regionen Australiens unterwegs ist und nur steinigen Boden gesehen hat, freut man sich über jedes Stückchen Wiese. Es fühlt sich an wie ein weicher Teppich.

Timber Creek ist nach einem Bach benannt, der in der Trockenzeit wasserlos ist. Mitte des 19. Jahrhunderts wurden mit dem Holz der Ufervegetation beschädigte Schiffe des Expeditionsteams von Augustus Charles Gregory repariert, der zu den großen australischen Entdeckern zählt.

Von Timber Creek bis Kununurra sind es noch 230 Kilometer. Wenn ich Gas gebe, schaffe ich die Strecke in zwei Tagen mit einer Übernachtung in der Nähe der Pinkerton Range. Ich habe diesen Weg vor vielen Jahren während anderer Reisen mit dem Auto zurückgelegt und verbrachte damals zwei Tage im Gregory-Nationalpark, in dem sich zahlreiche heilige Stätten der Aborigines befinden.

Doch diesmal zieht mich die Gibb River Road wie ein Magnet an. Mit jedem Tritt an der Kurbel komme ich meinem Vorhaben näher, diesen Trail mit dem Fahrrad zu bewältigen. Ich weiß eigentlich gar nicht, warum ich diese Strecke so lange schon befahren möchte. Vielleicht liegt es daran, dass ich es bereits zweimal vergeblich versucht habe. Ich will die missglückten Versuche nicht kampflos hinnehmen und endlich ein Erfolgserlebnis haben. Es gibt ja auch so etwas wie gesunden Egoismus.

Der Abend gestaltet sich wie üblich. Gleich neben der Straße ist eine Halde mit einem Schotterhaufen und Erde. Rundherum ist mehr als genug freie Fläche für mein kleines Zelt. Um dem Wind auszuweichen und meine Feuerstelle etwas unsichtbarer für Autofahrer zu machen, schlage ich mein Lager hinter einem riesigen Schotterberg auf, der wohl für den Straßenbau gedacht ist. Die Sonne ist gerade untergegangen, und ich höre im Radio die Nachrichten, da hält plötzlich ein Auto an. Zwei Gestalten springen heraus.

So, jetzt gibt es ein Problem! Durch die Flammen meines Feuers sehe ich die Burschen auf mich zukommen. Mit einem freundlichen »Hello« begrüßen sie mich. »Keine Panik«, meint einer der beiden. »Wir kommen von der Farm da drüben, haben das Feuer gesehen und wollten nur schauen, ob alles in Ordnung ist. Wie bist du denn hierhergekommen? Per Anhalter?«

»Nein, ich bin mit dem Fahrrad unterwegs und wollte hier übernachten«, erkläre ich.

»Mit dem Fahrrad da?« Der Jüngere deutet auf mein Rad.

Sie gucken sich an, und langsam verschwindet der Ernst aus ihren Blicken. Sie beginnen zu lachen, drehen sich um und gehen zurück zu ihrem Auto. Unter lautem Gelächter fahren sie weiter. Das übliche Klischee vom verrückten Radfahrer.

Das Holz brennt, die Flammen schenken mir Licht und genug Wärme, um meine verschwitzten Trikots zu trocknen. Ich denke noch mal über die beiden Jungs nach, die soeben meine Feuerstelle kontrolliert haben. Ich glaube, sie hatten sich erhofft, auf ein paar Mädchen zu treffen. Pech gehabt.

Ankunft in Kununurra

Kununurra nennt man auch den »Obstgarten des Nordens«. Der Bau eines gewaltigen Staudamms, das Ord-River-Projekt, hat es möglich gemacht. Viele Menschen sind danach in den Norden Westaustraliens gekommen, um das Land zu kultivieren. Enorme Felder und Plantagen sind so entstanden. Heute zieht die gesamte Region auch sehr viele Touristen an.

Diese kleine Stadt im westaustralischen Norden ist für mich der Ausgangspunkt für die staubigen 700 Kilometer entlang der Gibb River Road, kurz GRR, nach Derby. Dazwischen gibt es Resorts, Schluchten, herrliche Aussichten, Ansichten, Einsichten und Einblicke in eine wunderbare Welt im australischen Outback. Nach zwei Fehlstarts steht mir, glaube ich, der Respekt vor der GRR ins Gesicht geschrieben. Mein Vorteil ist allerdings, dass ich die Strecke nicht fahren muss, sondern will.

Ich kaufe im Supermarkt die nötigen Nahrungsmittel ein und verbringe einen Tag in Kununurra, um die Ausrüstung und die Technik am Fahrrad nochmals zu überprüfen. Bis Broome sind es tausend Kilometer, da kann viel passieren. Ich versuche, eventuelle Risikofaktoren im Vorfeld zu erkennen. Diesmal darf einfach nichts schiefgehen! Ein vierter Versuch ist ausgeschlossen. Wenn es diesmal nicht klappt, dann werde ich den Traum von der Gibb River Road für immer begraben.

Es gibt Dinge im Leben, die ich nicht erzwingen will. Ich sage mir: Dann soll es einfach dabei bleiben, dass ich diese Strecke nicht geschafft habe. Es gibt ja auch andere Touren – wenn auch nicht viele –, die ich nicht geschafft habe. Für die Canning-Stock-Route in Westaustralien zum Beispiel hatte ich absolut alle nötigen Vorbereitungen getroffen, doch ist die Reise mit dem Fahrrad dann doch nie zustande gekommen. Zu viele Hindernisse haben das Vorhaben durchkreuzt. Kein Wunder: Die Canning Stock ist die längste Outbackpiste. Und sie hat außerdem den Ruf, die härteste und abgelegenste zu sein.

Dabei hatte ich bereits viel Aufwand betrieben, zum Beispiel war ich die gesamte Strecke von Wiluna bis Halls Creek mit dem Auto abgefahren, um Depots anzulegen. Das war nur ein Teil der nötigen Vorbereitungen, um anschließend die 2000 Kilometer mit ihren riesigen Sanddünen mit dem Fahrrad zu bewältigen. Der Abbruch war eine schwere Entscheidung. Aber Hauptsache, es ist niemand dabei zu Schaden gekommen. Und alle beteiligten Menschen haben ihr Geld bekommen, jede Rechnung wurde bezahlt. Das Ganze hatte sogar etwas Gutes: Es war für alle, die bei den Vorbereitungen mitgemacht haben, ein Abenteuer, das sie nie vergessen werden. In der Zwischenzeit haben einige Leute diese Strecke mit dem Fahrrad bewältigt. Wie sie es gemacht haben und ob sie wirklich ohne Begleitfahrzeug unterwegs waren, wissen nur sie selbst. Es steht mir nicht zu, die Reisen anderer Menschen zu beurteilen.

Ich aber habe es nicht geschafft und bekenne mich dazu. Was andere Menschen tun oder lassen, was sie geschafft oder erlogen haben, kann mir egal sein. Da ich die Strecke mit dem Auto abgefahren bin, weiß ich, wie schwierig es sein muss, mit dem Fahrrad diese Route zu überwinden, und ziehe meinen Hut vor den Glücklichen, die es geschafft haben. Sollte aber die Solofahrt mit dem Fahrrad eine erlogene Geschichte sein, dann hoffe ich, dass diese Leute ihr Leben lang von Gewissensbissen geplagt werden.

Jedes Abenteuer kann im Bruchteil einer Sekunde ins Schreckliche ebenso wie ins Absurde umkippen. Als die ersten Menschen den Mount Everest bezwangen, hat man sie als nahezu übermenschliche Helden der Nation gefeiert und verehrt. Inzwischen ist es aber auch schon Blinden, Bein- und Armamputierten gelungen, den höchsten Berg der Welt zu »erkraxeln«. Ganz zu schweigen vom jüngsten und vom ältesten Menschen, die auch schon auf dem höchsten Punkt der Erde standen. Mit riesigem Aufwand und enormen Summen kann man inzwischen sogar zum Gipfel getragen werden. Wir leben in einer Zeit, die uns ständige Veränderungen bringt. Vieles, was einst undenkbar war, ist heute machbar. So wie es immer wieder technische Neuerungen gibt, werden auch Abenteurer immer wieder neue und revolutionäre Leistungen vollbringen, und das ist gut so.

Ich verbringe eine unruhige Nacht und gehe in Gedanken nochmals auf alle möglichen und unmöglichen Szenarien, auf sämtliche Eventualitäten ein. Das Morgengrauen kann ich kaum noch erwarten und stehe auf. Der Campingplatz verfügt über zwei Küchen. Ich habe als einziger Camper hier eine der Küchen für mich allein. Nach dem Frühstück fahre ich los. Es ist frisch, erst ab zehn Uhr morgens wärmen einen die Strahlen der nördlichen Wintersonne. Die ersten 45 Kilometer sind asphaltiert, und so rollt es sich leicht bis an die Kreuzung zum Northern Highway oder – wie sie auch heißt – zur Route 1, die rund um Australien führt.

Vierundsechzig Kilometer nördlich von hier liegt die Stadt Wyndham. Schreckliche Erinnerungen werden in mir wach an eine Zeit in den Siebzigerjahren. Während meiner Australienumrundung per Auto arbeitete ich für einige Zeit in der Kantine des dortigen Schlachthofs. Ich konnte dabei zusehen, wie die Rinder von den Farmen im Umland in riesigen Lastern direkt auf dem Schlachthof abgeliefert wurden. Mit Elektroschockern wurden die Tiere auf die Abschussrampe getrieben, und nach dem Todesschuss wurde ihnen die Kehle zum Ausbluten durchgeschnitten. Anschließend wurden die Rinder mit den Hinterbeinen an einer rollenden Stahlschiene aufgehängt und mit professionellen und gezielten Schnitten von Metzgern zerstückelt. Gruselig anzusehen, aber noch gruseliger war es, das Stöhnen der Tiere zu hören. Zum Schluss wurde das Fleisch sorgfältig in Schachteln verpackt und sofort auf riesige Schiffe verfrachtet, eingefroren und für den asiatischen Markt freigegeben.

Beim Anblick dieser Horrorszenarien hatte ich Mitleid mit den Tieren und kündigte bald darauf meine Arbeitsstelle im Schlachthof von Wyndham. Ich blieb gerade lange genug, um mir ein bisschen Geld für die Weiterfahrt zu verdienen. Damals war es noch leicht, einen anderen Job zu bekommen. Ich fuhr in die Pilbara-Region von Westaustralien und fand dort einen Job in der Bergbaustadtstadt Tom Price.

KAPITEL 10
Die Gibb River Road

Am Abzweig nach El Questro verwandelt sich die Strecke in eine Schotterpiste. An der Straße wird heftig gebaut. Die Arbeiter winken mir zu und grinsen. Auf der Gibb River Road werde ich zum ersten Mal richtig durchgebeutelt. Eigentlich hätte ich in El Questro übernachten können. Doch die 32 Kilometer staubiger Piste hin und wieder zurück sowie der starke Verkehr haben mich davon abgehalten. Als Alternative bevorzuge ich das wilde Zelten in der Nähe des »Emma Gorge Resorts«. Da ist es ruhig, und sehen kann ich dort genauso viel von den zerklüfteten Felsen der Cockburn Ranges, mehr sogar noch als auf dem mit Touristen vollgestopften Campingplatz.

Die Straße von Kununurra ist jetzt bis El Questro asphaltiert. Wer die Gibb River Road in allen Facetten erleben will, dem sei geraten, die Tour nicht zu lange vor sich herzuschieben. Die Straßenbauunternehmen arbeiten von beiden Seiten her daran, die Strecke durchgehend mit einer Asphaltdecke zu versehen. Allerdings wird es, bis es so weit ist, noch einige Jährchen dauern.

Der Wind und der Verkehr verursachen Staubwolken, hinter denen sich die Nachmittagssonne in eine wunderschön orangefarbene leuchtende Kugel verwandelt. Die Dämmerung ist einmalig. Ich bleibe stehen und genieße die im Sonnenlicht badenden Felsformationen. Die staubige Straße führt vorbei an den hoch aufragenden Felsen der Cockburn und Pentecost Range. Einfach zu schön, um vorbeizufahren, und ich entschließe mich, die Nacht im Zelt abseits der Straße zu verbringen.

Gleich nach meiner Abfahrt von Kununurra habe ich bemerkt, dass die Luft einen bläulichen Schimmer angenommen hat. Rauchschwaden ziehen über das Land, der Geruch von Feuer ist penetrant.

Während der Nachtstunden weht nun ein ungewöhnlich starker Wind und rüttelt am Zelt. Ich wache auf und stelle fest, dass ein Feuer direkt auf mein Zeltlager zukommt. Jetzt muss schnell gehandelt werden! Mithilfe meiner Stirnlampe baue ich mein Zelt eiligst ab und schiebe das Rad mit meinen in den Packtaschen verstauten Habseligkeiten hinunter in die Nähe des Wassers. Ich hatte mein Zelt extra weit weg vom Salmond River aufgebaut, um den hungrigen Krokodilen nicht in die Quere zu kommen. Der Westarm des riesigen Cambridge-Golfs und des Ord-River-Bewässerungssystems breitet sich über eine riesige Fläche bis hinunter zur Gibb River Road aus.

Plötzlich um drei Uhr morgens dann Abenteuer pur. Hinter mir das Feuer und vor mir der Fluss mit Krokodilen. Eigentlich habe ich mir diese Tour ein bisschen anders vorgestellt. Mit einer Feuerwalze hatte ich nicht gerechnet. Am Fluss sehe ich, dass das Wasser zu tief ist, um eine Überquerung bei Nacht zu wagen. Allerdings wäre ich des Feuers wegen doch lieber auf der anderen Seite.

Im Flussbett entdecke ich große Steine und entscheide, mir einen Platz auf einem solchen Stein zu suchen. Das Fahrrad lasse ich am Ufer stehen. An Schlaf ist jetzt nicht zu denken. Das Feuer kommt auf einer breiten Front immer näher. Rot leuchten die Felsen im fahlen Licht der Flammen. Ich kann das Knistern hören. Meine Augen wandern im Licht der Stirnlampe über das Wasser und am Ufer entlang. Ich weiß, dass Krokodilsaugen in diesem Licht wie feuerrote Kohlen leuchten.

Plötzlich tauchen im Lichtkegel vor mir am Ufer tatsächlich überdimensional große rote Augen auf. Da ist es, ein Krokodil! Kaum zu glauben, ich bin einem Herzstillstand nahe. Allerdings springt mir dann im selben Moment das Nummernschild eines Autos ins Auge. Daneben liegen vier Schlafsäcke mit schnarchenden Menschen drin. Ich bin froh, nicht allein zu sein, und lege mein Zelt und meinen Schlafsack neben die schlafenden Gesellen. Die werden staunen, wenn sie aufwachen!

In derartigen Situationen rast mir meine Phantasie davon. Die leuchtenden Augen waren natürlich in Wahrheit zwei rote Rücklichter an einem Anhänger, in dem die Burschen ihre Ausrüstung mitschleppen. Am Morgen gibt es eine große Begrüßungszeremonie, und ich erzähle den Jungs meine Geschichte. Die hören gelassen zu und zeigen mir ihre Jagdgewehre neben den Schlafsäcken. Zudem haben sie ein großes Auto im Sand am Ufer stehen.

Es gibt ein klassisches Frühstück am Fluss mit Kaffee, Toast, Butter, Marmelade und Spiegeleiern. Jeder erzählt reihum von seinen Erfahrungen im Outback. Nach dem Frühstück ziehe ich die Schuhe aus, damit sie trocken bleiben, und schiebe mein Fahrrad durch das Wasser, bleibe auf der anderen Seite stehen und ziehe die Schuhe wieder an. Ich rufe zurück: »Nochmals danke für das tolle Frühstück!«

Die ersten Kilometer und aufregenden Minuten entlang der GRR sind geschafft. Das tägliche Strampeln auf der Wellblechpiste macht mich müde, es ist körperlich und mental anstrengend, denn ich sitze bereits bei Sonnenaufgang auf dem Fahrrad. Wenn es richtig heiß wird, mache ich die erste längere Pause. Erst ab zwei Uhr mittags fahre ich nochmals einige Kilometer bis kurz vor Sonnenuntergang.

Die Nächte sind einsam und lang, was mir viel Zeit gibt, über die Dinge des Lebens nachzudenken. Manchmal wache ich auf und setze mich vor das Zelt, um den Sternenhimmel zu beobachten. Satelliten und Sternschnuppen rasen über den nächtlichen Himmel, und ich fühle mich sehr wohl dabei, allein hier draußen die Ruhe genießen zu können. Während des nördlichen Winters ist es fast elf Stunden lang finster. Beinahe bin ich froh, dass die Fahrt so anstrengend ist. Dadurch brauche ich mehr Schlaf. Ansonsten würde ich wohl jede Nacht stundenlang im Zelt wach liegen.

»Home Valley Station« ist ein Resort mit allem Komfort und liegt nur zwei Kilometer abseits der GRR. Ich fahre den kurzen Weg dorthin, um meine Wasserbehälter aufzufüllen, und bin überrascht, wie schön und großzügig die Anlage gebaut wurde. Es gibt einen sehr ordentlichen und sauberen wie auch praktischen Van-Park mit Zeltplatz. Ich entscheide mich, mein Zelt aufzustellen, um den Tag hier zu genießen. Am Abend gibt es im riesigen Restaurant auch Livemusik, ein Countrysänger unterhält uns. Es ist einfach nur schön, hier zu sein.

Nach diesem herrlichen Resort führt die Straße über den berühmten »Jump Up« entlang der Gibb River Road. Ein »Jump Up« ist ein kurzer, steiler Anstieg, der teilweise asphaltiert ist, da sonst einige Autos gar nicht hochkämen. Oben am Mount Edith angekommen, gibt es einen Punkt, an dem man auch Handyempfang hat. Ich versuche Renate anzurufen, und es klappt tatsächlich. Wir sind beide überrascht, dass ich direkt von der Gibb River Road aus telefonieren kann.

Ich erzähle ihr von der grandiosen Aussicht hier. So weit das Auge reicht, sieht man eine Kombination aus Wasser- und Graslandschaften, dazwischen vereinzelte Hügel und die schroffen Felsen der Cockburn und Pentecoast Ranges. Es sind Bilder, die sich mir ins Gedächtnis brennen. Zu lange habe ich auf diese wunderschöne Landschaft gewartet. Jetzt will ich sie aber auch genießen und mich daran sattsehen. Es muss ein abenteuerliches Erlebnis sein, hier während der Regenzeit zu wohnen. Flussüberquerungen sind dann wahrscheinlich nur mit viel Aufwand möglich.

Andererseits stellt sich die Frage: Wo will man denn hin? Die großen Ortschaften sind in der Regenzeit viel zu weit entfernt. Die meisten Campingplätze werden dann geschlossen, und die geöffneten werden einfach per Flugzeug oder Hubschrauber angeflogen. Ich muss mir bewusst werden, dass das Leben hier auf einer anderen Schiene abläuft. Australien ist ein ganz anderer Kontinent. Egal, wo ich bin, das Abenteuer ist immer und überall dabei. Vielleicht ist das gerade der Grund, warum ich Australien zu meiner Heimat gemacht habe. Das Abenteuer braucht man nicht zu suchen. Es ist wie Luft, Wasser und Erde: immer da.

Und Australien lädt geradezu zum Entdecken ein. Will man ein Stück des riesigen Landes aus unmittelbarer Nähe sehen, schwingt man sich einfach aufs Fahrrad, Mountainbike oder aufs Reiserad und fährt los. Das ist sicherlich einfacher gesagt als getan. Wenn man fast vierzig Jahre mit dem Fahrrad unterwegs gewesen ist, hat man andere Erfahrungswerte als ein Neueinsteiger. Dennoch, man muss ja nicht gleich von Cairns nach Broome fahren. Ich kann aber durchaus empfehlen, Australien mal auf diese andere Weise kennenzulernen. In einem Land, in dem die Menschen für ihre sportlichen Leistungen weit über die Grenzen hinaus bekannt geworden sind, wird man viel Anerkennung und Begeisterung für eine Fahrradtour bekommen und auf motivierende Menschen treffen.

In den Städten und den dichter besiedelten Gebieten Australiens gibt es wunderbare Tagestouren für Neueinsteiger. Ambitionierte Radler können sich für eine Kombination aus Kultur und körperlicher Herausforderung entscheiden und gemäßigt hohe Hügel und Berge rauf- und runterfahren. Und für hartgesottene Biker gibt es viele Touren, die einen an die Grenzen der Belastbarkeit führen.

Kurz vor den Mosquito Hills gibt es zwei »Jump Ups« mit beachtlichen Anstiegen: »Rollies Jump Up« und »Gregories Jump Up« sind steil und lang, doch werde ich mit einer wunderbaren Aussicht belohnt. Jeder Tropfen Schweiß hat sich gelohnt. Ich brauche Kaloriennachschub und bereite mir mein Frühstück zu.

Von nun an wird die Straße immer schlechter, ich muss höllisch aufpassen. Steine, Staub, Wellblech und der um diese Tageszeit zunehmende Verkehr machen mir zu schaffen. Lediglich die Anstiege sind asphaltiert.

Um die Gebiete links und rechts der Gibb River Road zu sehen, braucht man als Radfahrer einen »langen Atem«

und sehr viel Zeit. Die Sehenswürdigkeiten, Schluchten und Wasserfälle abseits der Strecke sind oft sehr weit von der Straße entfernt. Ich begnüge mich daher mit meinem Traum, die Strecke einfach nur mit dem Fahrrad zu befahren. Dieses Erlebnis – wenn ich es denn schaffe – reicht mir. Das gilt auch für die 4000 Kilometer des Savannah Way – einfach nur ein schönes Abenteuer.

Roter Sand

Die Straße, auf der ich unterwegs bin, ist zur Abwechslung pfeilgerade. Es scheint, als hätte ich freien Blick bis an die Westküste Australiens. Zwischen den weißen Kumuluswolken und der roten Erde steht ein schwarzer Fleck mitten auf der Straße. Zu weit weg, um zu erkennen, was es sein könnte. Vielleicht ein Rind oder ein Auto? Langsam nähere ich mich dem mysteriösen Objekt und erkenne ein Auto mit Leuten, die hin und her laufen. Ein Unfall oder eine Autopanne? Als ich näher komme, steht das Auto tatsächlich aufgebockt auf einem Wagenheber. Das sieht ein bisschen aus wie ein Hund beim Pinkeln, es fehlt allerdings der Baum. Dafür stehen Stühle, Taschen und Koffer am Straßenrand.

Ich bleibe stehen und erkundige mich, was passiert sei. »Dies ist bereits die dritte Reifenpanne in zwei Tagen«, ruft mir jemand zu. »Wir sind Gott sei Dank mit zwei Autos unterwegs. Der Fahrer des anderen Wagens ist die fünf Kilometer nach Embrae gefahren, um zu sehen, ob wir dort den Reifen repariert bekommen.«

»Habt ihr kein Ersatzrad dabei?«, frage ich.

»Doch, sogar zwei, aber beide schon aufgebraucht. Die Gibb River Road ist einfach scheiße. Zu viele große Steine.«

»Und du?«, fragt eine Frau, die sich mit einem Regenschirm vor der Sonne schützt und in der anderen Hand eine Zigarette hält.

»Ich fahre nach Broome.«

»Und wo kommste her?«, will sie wissen.

»Cairns«, antworte ich.

»Mein Bruder lebt dort«, erwidert die Frau. »Möchtest du was Kaltes trinken?«

Ich muss nicht lange überlegen: »Ja, gern.«

Sie öffnet die Autotür und reicht mir aus einer Kühlbox eine Dose Fanta.

Es ist angenehm, bei dieser Hitze auf der staubigen Straße ein kaltes Getränk zu bekommen. Wer hätte das gedacht? Im Supermarkt gehe ich an Hunderten aufgetürmten Dosen zum Sonderpreis vorbei und lasse alle stehen. Doch hier im Outback ist so ein Dosengetränk Erfrischung pur. Wie wenig man doch braucht, um ein Hochgefühl zu erleben. Dabei sind gerade mal 200 Milliliter in der Dose drin.

Ich bedanke mich, wünsche den Leuten eine gute Weiterfahrt, setze mich auf den Sattel und trete los. Nach der schneidend heißen Luft im Stehen tut der kühle Fahrtwind gut. Etwa nach einer Stunde höre ich ein Motorengeräusch, und die Truppe fährt langsam mit zwei Autos an mir vorbei. Freundlich winken die Frauen mit goldbehangenen Armen aus dem Auto. »Alles Gute!«, rufen sie mir zu.

Ich kann nicht zurückwinken. Die Straße ist sandig, ich muss meine Hände um den Lenker klammern.

Inzwischen bin ich bereits sechs Tage auf der Gibb River Road unterwegs. Am Abend erreiche ich das »Mount Barnett Roadhouse«. Im Restaurant, in dem Fall eher eine »Frittenbude«, bestelle ich ein Käse-und-Tomaten-Sandwich, stelle es auf den überdachten Tisch mit Bank vor dem Eingang und will mir einen Kaffee aus dem Automaten holen. Zu meiner Verwunderung kommen aber nur heiße Luft und Schaum in die Tasse. Der Kaffee bleibt aus.

Meine Reklamation hat zur Folge, dass ich eine neue Tasse bekomme samt einer Dose löslichen Kaffee und einem Glas Zucker und einem Löffel – verbunden mit der Bitte, ich solle den Heißwasserknopf an der Maschine betätigen und mir den Kaffee selbst machen. Der Automat sei schon längere Zeit kaputt, und es koste zu viel Geld, einen Techniker kommen zu lassen. Die Maschine werde mit der nächsten Transportmöglichkeit nach Broome geschickt. In der Zwischenzeit gebe es daher leider nur Kaffee aus dem Heißwasserknopf, und die Milch stehe übrigens auf der rechten Seite unten im Kühlschrank da drüben. Also bitte keine Umstände verursachen, es sei ja alles vorhanden.

Endlich sitze ich mit Kaffee und Sandwich am Tisch, als plötzlich die Tür aufgeht und der Chef mir zwei Hamburger hinstellt. »Irrtum«, sage ich, »die habe ich nicht bestellt.«

»Wir schließen den Laden, und diese beiden Hamburger sind übrig. Du kannst sie umsonst haben, wir können sie sowieso nicht mehr verkaufen.«

»Sehr nett«, antworte ich, »aber ich bin Vegetarier.«

»Kein Problem, lass das Fleisch übrig, und iss den Rest, kostet ja nix!«

In dem Moment kommt ein Motorrad angerauscht. Der Chef nimmt die beiden eingepackten Hamburger wieder mit sich. Der Motorradfahrer steigt ab, kommt in die Frittenbude und holt sich den Schlüssel für die Zapfsäule. Zum Bezahlen kommt er wieder rein, spricht kurz mit dem Chef, geht zu seinem Motorrad, packt die zwei Hamburger in die Taschen und fährt los. Australien ist in eigentlich jeder Hinsicht immer sehr unkompliziert. Wichtig ist nur zu wissen, wie.

»Wenn du was zum Übernachten suchst, gibt es sieben Kilometer von hier an der Manning Gorge einen Zeltplatz, dort müsstest du eigentlich hinfahren zum Campen. Auf der anderen Seite von meinem Shop ist ein kleines Dorf, in dem die Aborigines wohnen, und die haben es nicht so gern, wenn Leute hier ihre Zelte aufschlagen. Da du aber mit dem Fahrrad unterwegs bist, kannst du ausnahmsweise für die Nacht unter dem Baum da drüben das Zelt aufbauen. Schau halt, dass du ziemlich früh wieder abhaust, sonst bekomme ich Probleme mit den Aborigines. Ich lass die Dusche und die Toilette für dich offen.« Mit diesen Worten knallt der Ladeninhaber die Tür seines Shops zu, dreht den Schlüssel um, setzt sich in sein Auto und fährt davon. Mit der Hand deutet er dabei aus dem Autofenster zu dem Haus, in dem er wohnt und das nur etwa hundert Meter von hier entfernt steht.

Damit habe ich einen perfekten Zeltplatz zugewiesen bekommen. Auf einem sandigen Stück unter einem Dach stehen ein Tisch und eine Bank, die ich für eine Nacht mein kostenloses Eigentum nennen darf. Daneben ist grüner Rasen – optimal, um mein Zelt aufzustellen. Die Leute im Outback sind meist sehr nett zu mir, und manchmal, wie in diesem Fall, glaube ich, dass ein höfliches Dankeschön allein nicht ausreicht. Andererseits denke ich aber auch, wenn mir jemand etwas Gutes tun will, dann tut er es aus Überzeugung und Verständnis für meine Situation. Höflichkeit und Respekt sind dann wohl alles, was diese netten Menschen als Gegenleistung erwarten.

Es ist gegen zwei Uhr morgens, als ich plötzlich aus dem Schlaf gerissen werde. Ich weiß zuerst gar nicht, was geschehen ist. Ein starker Strahl Wasser prasselt auf mein

Zelt nieder, und ich versuche so schnell wie möglich aus dem Schlafsack und dem Zelt zu krabbeln. Mein erster Gedanke: Die Jungs aus dem Dorf der Aborigines haben sich wohl einen Scherz erlaubt und mit dem Gartenschlauch so getan, als müssten sie ein Zeltfeuer löschen. Fluchend stolpere ich ins Freie, um die Kinder zu vertreiben. Es sind keine Kinder zu sehen, aber das Wasser prasselt weiterhin auf mein Zelt nieder. Mit einem erleichterten Grinsen stelle ich fest, dass es die automatische Sprinkleranlage ist, die um zwei Uhr morgens losgegangen ist, um den Rasen zu bewässern.

Ich schnappe mir die große Mülltonne auf Rädern, stelle sie kurzerhand über den Sprinkler, hole meinen Schlafsack aus dem Zelt, breite ihn auf dem trockenen Tisch aus und verbringe darauf den Rest der Nacht. Das Zelt kann ruhig nass werden. Trocknet alles ganz schnell wieder, sobald die Sonne aufgeht.

Am Morgen sehe ich an den Spuren im nassen Sand, dass Hunde aus dem Dorf mein Zelt umkreist haben müssen. Außerdem sind Abdrücke einer Pythonschlange im Sand zu erkennen. Pythonschlangen sehen zwar aufgrund ihrer Größe gefährlich aus, sind aber sehr nützliche Kreaturen. Natürlich können sie beißen, doch das können Hunde auch, und man streichelt sie trotzdem. Es gibt verschiedene Arten von Pythonschlangen in Australien, sie sind hier im Norden sehr verbreitet. Wenn die Schlangen auf Futtersuche sind, fallen ihnen auch schon mal Kleintiere wie Katzen, Hunde, Hühner oder Wallabies zum Opfer. Hauptsächlich ernähren sie sich aber von Tieren in freier Wildbahn.

Nach dieser doch ziemlich unterhaltsamen Nacht mit Sprinkleranlage und Schlange habe ich mein Versprechen eingelöst und bin zeitig losgefahren, um meinem Gastgeber eventuelle Probleme mit den Dorfbewohnern zu ersparen. Irgendwie doof, denn die Leute haben bis um elf Uhr nachts Krach gemacht und sind sicherlich nicht von der Sprinkleranlage nass geworden. Ich habe mich ganz ruhig verhalten und keinen Müll produziert, denn mir wurde ja aufgetragen, mich möglichst unsichtbar zu machen.

Auch wenn ich, wie in diesem Fall, die Logik mancher Vorschriften nicht verstehe, habe ich doch gelernt, andere Menschen und ihre Kulturen zu akzeptieren, statt sie aus Unverständnis zu provozieren. Europäer sind häufig bestrebt, alles zu verstehen und, wenn es ihnen nicht in den Kram passt, zu verändern. Doch habe ich beim Radfahren gelernt, dass es viel zweckmäßiger ist, bestimmte Dinge einfach hinzunehmen, als zu versuchen, andere Menschen zum Umdenken zu bewegen.

Ich bin selten für längere Zeit an einem Ort, und es kann mir eigentlich egal sein, wie Menschen in ihrem Umfeld ticken. Zu Hause habe ich ein System für mich entwickelt, unterwegs versuche ich zu tolerieren und zu akzeptieren. Dies macht mein Leben einfacher und mich unterm Strich auch zufriedener. Stress macht krank.

Dennoch gibt es so viele Menschen, die ohne Stress nicht leben können. Sie haben nicht verstanden, dass Stress immer selbst erzeugt wird. Irgendwann lernen sie, damit umzugehen, oder aber sie werden krank.

Radfahren hilft, abzuschalten und positive Gedanken zu entwickeln. Es sollte deshalb nicht nur von Eltern, sondern auch von der Schule gefördert werden. Anscheinend lernt man dort so einiges, was man später im Leben nie mehr gebrauchen kann. Vielleicht sollte man Fahrradfahren mit in den Lehrplan aufnehmen, um etwas Sinnvolles zu machen.

Vor einiger Zeit war ich im Supermarkt, um einige Nahrungsmittel zu kaufen. Der zu bezahlende Betrag lautete 27,70 Dollar. Das stark geschminkte Mädchen an der Kasse war ganz aufgeregt, denn aus technischen Gründen war die Kasse ausgefallen. Ich reichte ihr 30 Dollar, um meine Einkäufe zu bezahlen. Mit riesigen Augen sah sie mich an und meinte: »Es wird noch ein bisschen dauern. Die Kasse zeigt mir nicht an, wie viel Sie zurückerhalten. Ich hole schnell einen Taschenrechner oder mein Handy.«

»Ich bekomme 2,30 Dollar«, erwiderte ich.

»Wie haben Sie das so schnell ausgerechnet?«

»Ich habe ein Hirn. Du könntest das genauso im Kopf ausrechnen.«

»Ja, wahrscheinlich könnte ich es probieren, aber Kopfrechnen haben wir in der Schule nie gelernt«, meinte sie nur.

Das Wechselgeld bekam ich erst, nachdem die Vorgesetzte dem Mädel die Erlaubnis gegeben hatte, die 2,30 Dollar rauszurücken. Für mich ist das ein Armutszeugnis des heutigen Schulsystems, wenn junge Leute ein Handy brauchen, um derart einfache Rechnungen zu lösen – und das auch noch, wenn sie an einer Kasse arbeiten.

Die langen Strecken durch die Einöde des australischen Outback eignen sich hervorragend, um nicht nur über das Thema Radfahren nachzudenken, sondern auch über das tägliche Leben zu philosophieren. Ich mache das ganz bewusst, denn irgendwann ist diese Reise auf den Schotterpisten zu Ende, ich bin wieder zu Hause und lebe ein ganz normales Leben mit Frau, Haus, Hund, Garten und habe dann andere Prioritäten. Im Alltag habe ich nicht immer die Möglichkeit und die Motivation, mich mit den Fragen des Lebens zu befassen. Wenn mich die Routine wiederhat, dann möchte ich mich eingliedern in das tägliche Leben. Die Reise wird verarbeitet, Bilder werden sortiert und Texte geschrieben. Ich genieße dann auch den Komfort daheim und die Gesellschaft meiner Frau.

Ein Leben so zu leben, wie ich es lebe, ist keine Selbstverständlichkeit, sondern ein Privileg. Ich weiß das sehr zu schätzen. Mir ist bewusst, dass es viele Menschen gibt, die gern ähnlich leben würden, es aber nicht können. Familie, soziale Strukturen und andere Bedürfnisse hindern sie daran, ein Abenteuer zu starten. Die Freiheit und die Möglichkeit zu haben, dahin aufzubrechen, wohin man will, bleiben ein Traum für später. Man wartet darauf, dass die Kinder aus dem Haus sind und das Haus nicht mehr der Bank gehört. Das Bäuchlein wächst zum dicken Bauch. Wenn man dann endlich frei wäre, hat man die Lust auf ein abenteuerliches Leben verloren.

Das Ziel vor Augen

Ich habe nun das »Mount Barnett Roadhouse« verlassen und somit auch ungefähr die Hälfte der Gibb River Road hinter mich gebracht. In meinen Gedanken will ich es zwar noch nicht wahrhaben, doch freue ich mich schon ein bisschen auf die Ankunft in Broome. So über den Daumen gepeilt sind es noch 400 Kilometer, davon mehr als die Hälfte auf einer gut ausgebauten Asphaltstraße. Die Nationalstraße 1 führt von Derby nach Broome, und diese Strecke habe ich ja schon mehrmals zurückgelegt.

Das persönliche Ziel, die Gibb River Road mit dem Fahrrad befahren zu haben, rückt in greifbare Nähe. Das motiviert mich und macht Mut. Jetzt weiß ich, dass es nicht immer die Straßenzustände sind, an denen die Träume zerbrechen. Viel häufiger sind es andere Begebenheiten wie das Wetter oder die körperliche Verfassung, die einem einen Strich durch die Rechnung machen. Selbst wenn die Straßen sehr schlecht sind, habe ich immer eine Lösung gefunden, und sei es, indem ich das Fahrrad schob oder sogar samt Ausrüstung über kurze Strecken trug. Dazu muss man körperlich und geistig fit sein, sonst geht da nichts mehr.

Während meiner Weltumrundung kam ich einmal in Mali nach zehn Stunden harter Arbeit in Schlamm und Dreck gerade mal sieben Kilometer weit. In solchen Situationen stelle ich mir selbst immer wieder die Fragen: Warum machst du so etwas? Was hat das noch mit Radfahren zu tun? Es sind aber genau diese Situationen, die mich dazu motiviert haben, aus dem abenteuerlichen Radfahren zu lernen. Die Herausforderung ist dann das Ziel. Das Fahrrad ist in dem Moment nur ein geduldeter Mitspieler und kann erst später wieder zum treuen Begleiter werden.

Ich habe das Fahrrad während meiner Reisen auch schon öfter mal als lästigen Gebrauchsgegenstand empfunden. Zweimal habe ich es vor Wut in den Straßengraben geschmissen, dann aber ganz schnell wieder herausgeholt, weil ich mir die weitere Reise »ohne« nicht vorstellen konnte. Solche Situationen vergisst man auch schnell wieder, denn mit dem Fahrrad unterwegs zu sein ist viel zu schön, um sich zu ärgern.

Zwischen dem »Mount Barnett Roadhouse« und dem »Imintji Store« im King Leopold Conservation Park sind es knappe achtzig Kilometer. Ich habe es inzwischen aufgegeben, bestimmte Plätze als Übernachtungspunkte anzufahren. Zwar sind achtzig Kilometer als Tagesdistanz mit dem Fahrrad unter normalen Umständen leicht zu bewältigen, doch hier im Outback sieht das anders aus. Das schlimmste Problem ist der Staub, den mir die Autos ins Gesicht blasen. Ich habe mir von einem meiner langärmeligen T-Shirts die Ärmel abgeschnitten und benutze einen davon als Stirnband, um den Schweiß unter dem Helm aufzusaugen, der zweite liegt locker um den Hals. Wenn ich einem Auto begegne, ziehe ich den Ärmel einfach über Nase und Mund.

Die Staubschluckerei hat mich eben erfinderisch gemacht. Als Radfahrer höre ich die herankommenden Autos und sehe auch, in welche Richtung der Wind den aufgewirbelten Staub weht. Ich finde es vorteilhaft, mich in derartigen Situationen »einfach aus dem Staub zu machen«, indem ich die Straßenseite wechsle. Diese Taktik hat allerdings auch ihre Nachteile. Schon häufiger ist es mir passiert, dass der Fahrer oder Beifahrer oder sämtliche Insassen mir eine Welle von Flüchen und Schimpfwörtern aus dem Auto entgegenschrien, weil ich ihnen auf der falschen Seite begegnete. Also bleibe ich außerdem stehen, denn die Logik sagt mir, dass es auf diese Weise sicherer ist für alle Beteiligten.

Radfahren in dieser Gegend Australiens kann sehr schön sein, aber es ist auch anstrengend. Auf den Karten kann man ja nicht erkennen, wie der Straßenzustand ist, und die Auskünfte der Autofahrer taugen für Radfahrer meist nicht viel. Aus diesem Grund weiß ich nie, ob ich es vor Einbruch der Dunkelheit bis zum geplanten Ort schaffe. Es ist aber gerade auch das Schöne hier, dass es egal ist, wo ich meinem Körper die nötige Ruhe gebe. Ich stelle mein Zelt einfach dahin, wo es mir gefällt, und verbringe den Abend am Lagerfeuer. Die totale Freiheit, schöner kann es gar nicht sein.

KAPITEL 11
Lieber mit dem Fahrrad als auf dem Kamel

Wegen der enormen Tageshitze krabbeln viele Tiere nur während der Nacht herum. Sie sind auf Nahrungssuche und kommunizieren untereinander über große Entfernungen mit Lauten, die bei vielen Menschen im ersten Moment Angst erwecken. Das ist auch irgendwie nachvollziehbar. Es ist dunkel, und man hat nun wirklich keine Ahnung, wo genau man sich da für die Nacht niedergelassen hat. Wenn man eine derartige Situation zum ersten Mal erlebt, und es ist so still geworden, dass man seinen eigenen Herzschlag fühlt und hört, kann einem tatsächlich die Angst bis in die Haarspitzen vordringen.

An diesen Abenden denke ich oft über die verschiedenen Leute nach, die ich während dieser Tour entlang der Gibb River Road getroffen habe. Immer wieder stelle ich fest, dass es vielerlei unterschiedliche Abenteurer gibt: junge Leute, Familien, Überlebenskünstler, aber auch Berufsabenteurer wie Fotografen und Forscher. Einmal traf ich zum Beispiel einen Journalisten, der mit einem Allrad-Camper auf der Gibb River Road entlangfuhr und darüber eine Geschichte für eine skandinavische Zeitung schrieb. Als er mir im Auto entgegenkam, hörte ich schon am Motorgeräusch, dass er das Tempo verlangsamte. Für mich ist das immer ein Zeichen, dass die Leute im Auto entweder fragen wollen, ob ich was brauche, oder ein Bild von mir auf dem Rad und auf der Gibb River Road machen möchten.

Viele Menschen finden es sehr mutig, diese Straße mit dem Auto zu befahren, und bewundern sich dafür selbst. Dann aber passiert das Undenkbare: Die Autoinsassen erblicken einen in Staub gehüllten Radfahrer. Im Kopf bleibt für diese Menschen dann urplötzlich die Welt stehen. Das Autofenster wird aufgemacht, und die Blicke sagen eigentlich schon alles. Für jeden Journalisten, der eine Geschichte über diese abenteuerliche Straße schreibt, ist eine Begegnung mit einem Radfahrer auf der Gibb River Road ein »gefundenes Fressen«.

Bei unserer Begrüßung komme ich dem Journalisten zuvor und sage ihm gleich: »Ja, ich bin verrückt, deshalb bin ich auch mit dem Fahrrad hier!«

Sein Lachen ist so laut und herzhaft, dass das ganze Auto vibriert. »Genau das wollte ich tatsächlich fragen«, erwidert er. »Was bewegt einen Menschen, mit dem Fahrrad in diese Einöde zu kommen? Flucht oder Abenteuer, vielleicht ein bisschen von beidem? Ich würde darüber gern ein Interview mit Ihnen machen.«

Ich schlage vor, dass wir uns einen gemütlicheren Platz dafür suchen, weg vom Staub, raus aus der Sonne, und dann bei einer Tasse Kaffee über meine Reisen sprechen. »Gemütlicher Platz, ja schon, aber wo denn?«, fragt er.

»Hier im Outback ist es doch unter einem Baum schon gemütlich, verglichen mit der knallenden Sonne«, antworte ich scherzhaft.

Sein Gesicht strahlt. Ich finde ihn bereits sehr sympathisch, obwohl erst wenige Worte gewechselt worden sind. Als Radfahrer habe ich die Fähigkeit entwickelt, Menschen anhand von Gesichtsausdrücken, Augen und Lachen sehr rasch einschätzen zu können.

Ein bisschen zurück, so einen Kilometer, liegt ein ausgetrocknetes Flussbett, da treffen wir uns. Unter einem Eukalyptusbaum finden wir Schatten und einen schönen Platz zum Sitzen. Wie in Australien üblich, stellen wir uns mit unseren Vornamen vor, und ab da heißen wir Bob und Sven. Schnell ist das Wasser für den Kaffee heiß. Skandinavier sind bekannt als Kaffeeliebhaber. Norweger trinken Unmengen von dem braunen Zeug.

Nachdem ich Sven die Eckdaten wie Alter, Beruf und Herkunft verraten habe, will ich das Interview auch ein bisschen steuern und nicht nur die Fragen des Journalisten beantworten. Wenn man viele Jahre mit dem Fahrrad unterwegs gewesen ist, hat man eine Menge Erfahrungen gesammelt, die oft bei einem Interview gar nicht so zur Sprache kommen, außer der Journalist ist selbst Radfahrer und bohrt nach. Aus diesem Grund ist es sinnvoll, auch mal die Initiative zu übernehmen. Der Journalist will ja ein tolles Interview führen und ungewöhnliche

Themen behandeln, und da kann ich ihm ruhig mal auf die Sprünge helfen.

Für ein Interview mit einem Abenteurer könnte das Umfeld nicht passender sein. Umgeben von Bäumen, die sich während der Regenzeit alle der starken Strömung des Flusses unterwerfen, sitzen wir im Sand. Wir sind beide überrascht, dass es zu dieser Begegnung gekommen ist. Sven fängt etwas zögernd an, und ich merke, dass es ihm nicht leichtfällt, gleich zu Beginn des Gesprächs die richtigen Fragen zu stellen. Es ist ja auch nicht alltäglich, in einem Flussbett zu sitzen und einen Radfahrer zu interviewen.

Was macht denn eine Fahrradtour in Australien so anders?

Mit dem Fahrrad bekommt man einen absolut anderen Einblick in dieses faszinierende Land und den Kontinent Australien. Wenn man bedenkt, dass in Australien knapp 24 Millionen Menschen wohnen, gerade mal so viel wie in Mexico City, dann ist es schon bewundernswert, was hier alles geleistet wurde. Es gibt kein anderes Land auf dieser Erde, das auf einer derart gigantischen Fläche mit einer verhältnismäßig geringen Anzahl von Einwohnern so viel auf die Beine gestellt hat. Australien hat mit seinem Straßennetz, dem Flug- und Bahnverkehr eine hervorragende Infrastruktur, hat riesige Minen, ein vorbildliches Gesundheitswesen, leistet Großartiges in der allgemeinen Versorgung, hat tolle Großstädte und bietet im Bereich Tourismus alles, was das Herz begehrt. Diese Tatsachen muss man sich durch den Kopf gehen lassen, dann wird einem bewusst, welch enorme Strukturen nötig sind, um das Land erfolgreich zu steuern. Dies ist alles nur mit viel Fleiß machbar. Australien ist ein enormer »Global Player«. Der Hauptverkehr beschränkt sich auf einige Landesteile, und das gibt Radfahrern fast immer und überall viele Freiheiten, an die in anderen Teilen der Erde gar nicht zu denken ist. Die Hilfsbereitschaft der Menschen ist phantastisch, das Land ist ein Wunder der Natur, und genau das macht es so lebens- und bewundernswert.

Ist es nicht schwierig, diese enormen Distanzen in Australien mit dem Fahrrad zu bewältigen?

Jede Reise mit dem Fahrrad in Australien ist ein kalkulierbares Risiko. Wahrscheinlich hat man mit dem Auto weitaus größere Probleme als mit dem Fahrrad, weil viel mehr kaputtgehen kann und die wenigsten Menschen wissen, wie man im Outback ein Auto repariert.

Telefonverbindungen sind auch nicht immer und überall vorhanden, das heißt, dass man auf die Hilfe anderer Verkehrsteilnehmer angewiesen ist. Ein Fahrrad lässt sich im Notfall verladen, mit einem kaputten Auto sitzt man fest. Für einen Radfahrer ist es natürlich sinnvoll, im Vorfeld zu recherchieren, was machbar ist und was nicht. Radfahren in Australien ist nicht gleich Radfahren in Finnland oder Norwegen. Die Distanzen sind manchmal sehr schwierig zu bewältigen, weil es dazwischen keine Versorgungsstationen gibt. Eine gute Planung ist für das Gelingen jeder Tour erforderlich. Vorteilhaft ist es, bestimmte Erfahrungen mitzubringen. Australier sind sehr hilfsbereit. Im Notfall kann man immer mit ihrer Unterstützung rechnen.

Und wie ist es mit der Wasserversorgung?

Die ist in der Tat ein Problem. Wenn ich einen Liter Wasser im »Roadhouse« kaufe, dann kann das bis zu fünf Dollar kosten. Bedenkt man, dass man als Radfahrer pro Tag zehn Liter zum Trinken und zum Kochen braucht, dann kostet mich das Wasser doppelt so viel wie Benzin. Ich suche natürlich nach Alternativen. Wasser kommt hier oft aus irgendwelchen unterirdischen Quellen. Dementsprechend ist es sehr salzhaltig oder enthält Mineralstoffe mit üblem Geruch. Das Wasser auf Campingplätzen, in Tankstellen und Gartenanlagen ist meist gut und kann ohne Abkochen benutzt werden. Oft sieht man große Windräder, die das Wasser in riesige Tanks pumpen, um die Rinderherden zu versorgen. Das Wasser aus diesen Anlagen ist oft nicht genießbar, und die Besitzer sehen es außerdem nicht gern, wenn man es einfach so zapft. Das Wasser in den Billabongs und aus Flüssen ist meist okay und kann getrunken werden. Um auf Nummer sicher zu gehen, habe ich immer Entkeimungstabletten wie Mikropur dabei. Den Wasserhaushalt während einer Fahrradtour in den Griff zu bekommen ist unerlässlich. Ohne Essen kann ich einige Tage auskommen, ohne Wasser geht aber bereits nach einigen Stunden nichts mehr.

Da wäre doch das Kamel eine Alternative ...

Ja, natürlich, doch Kamele sind teuer, und ihre Pflege ist viel aufwendiger und komplizierter als die des Fahrrads. Zudem ist es ja mit einem Kamel nicht getan, selbst für die kleinste Reise bräuchte man mindestens drei davon und die komplette Ausrüstung, die ja doch eine andere ist als die zum Radfahren. Wassertanks und Kisten für den Nahrungsmitteltransport, Sättel und Decken für die Kamele. Ich habe schon mal eine sechswöchige Tour mit Kamelen gemacht, daher habe ich ein bisschen Ahnung davon, wie so eine Kamelreise ablaufen würde.

Wo hast du diese Reise gemacht?

Hier in Australien mit dem selbst ernannten und selbst gekrönten Kamelkönig Noel Fullerton. Er hat vor vielen Jahren in Alice Springs mit Kamelen gearbeitet und die Tiere von den Wüstengebieten Australiens in die Stadt gebracht. Sogar Robyn Davidson hat bei ihm gearbeitet, bevor sie ihren Kameltreck von Alice Springs nach West-

australien unternommen hat. Noel Fullerton ist ein toller
Typ.

Interessant. Erzähl ein bisschen mehr von dieser Tour.

Zuerst stellt sich natürlich die Frage, wie die Kamele
überhaupt nach Australien gekommen sind. Mit Kamelen verbindet man Asien und Afrika, aber doch nicht Australien. Als die ersten Forschungsreisenden in der damaligen englischen Kolonie den Kontinent erkundeten und
auf unwegsamen Strecken das Land durchquerten, hatte
man die schlaue Idee, Kamele dafür zu benutzen. Die
Tiere waren ideale Lastenschlepper für die großen Expeditionen, die in die Wüstengebiete Australiens führten.
Später, als motorisierte Fahrzeuge benutzt wurden, hat
man die Kamele ausgesetzt, sie wurden der Wüste überlassen. Dort haben sie eine neue Heimat gefunden und
konnten sich ungehindert weitervermehren.

Noel Fullerton hat es verstanden, diese Tiere in den
Wüstengebieten einzufangen und auf seine Farm in Alice
Springs zu bringen, um dort mit ihnen zu arbeiten. Im
Lauf der Jahre etablierte er weit über die Grenzen von
Alice Springs hinaus ein positives Image dieser Tiere.
Bilder, Bücher, Filme, Touren – hinter allem, was irgend-
wie mit Kamelen zu tun hatte, steckte Fullerton, der
seine Schützlinge perfekt vermarktete. Dies hatte zur
Folge, dass auch andere Leute plötzlich anfingen, sich
mit Kamele zu beschäftigen. Robyn Davidson und Den-

nis Wickham, um nur zwei zu nennen, lernten von Noel Fullerton den Umgang mit Kamelen.

Die Geschichte von Robyn Davidson und ihrem langen Marsch mit Kamelen von Alice Springs bis zum Ozean in Westaustralien ist ja ein ausgewachsener Bestseller geworden, und auch ein Film wurde über ihren Treck gedreht. Noel Fullerton war nicht sehr begeistert darüber, dass Robyn Davidson so bekannt wurde, denn Kamele und Frauen passten für ihn nicht so richtig zusammen. Kamele waren für Noel Fullerton immer Männersache, ein bisschen wie die Formel 1 im Autorennsport.

Ich weiß bis heute nicht, was mich während der Zeit auf Noel Fullertons Farm in Stuarts Well hundert Kilometer südlich von Alice Springs mehr fasziniert hat, die Kamele oder Fullerton selbst. Kamele sind sehr intelligente Tiere und an enorme Freiräume gewöhnt. Das macht es schwierig, sie zu Lastenschleppern zu trainieren, denn sie haben ihren eigenen Willen und wollen ihn auch durchsetzen. Wenn man sie mit dem Lasso einfängt und einsperrt, sträuben sie sich zuerst einmal dagegen. Nur mit viel Geduld und guten Taten kann man ein Kamel dazu bringen, einem ein treuer Begleiter zu sein.

Ich lebte erst mal vierzehn Tage auf der Kamelfarm in Stuarts Well und hatte während dieser Zeit die Möglichkeit, den Männern zuzusehen, wie sie mit den Tieren arbeiteten. Es war faszinierend festzustellen, dass es zwischen den Kamelen und den Menschen eine Art Teamwork gab. Manche Kamele waren schon relativ zahm. Es hatte den Anschein, dass sie tatsächlich die Worte des Betreuers verstanden. Andere Tiere wiederum sprangen im Sand herum, als wären sie von einer Schlange gebissen worden. Bei ihnen musste nicht nur die Stimme lauter werden, sie bekamen auch den einen oder anderen Tritt ans Bein und einen kräftigen Zug an der Leine, die an einem Stück Holz im Nasenloch befestigt war. Ich konnte mir den Schmerz dieser Kamele vorstellen und hatte Mitleid mit ihnen.

Durch die Kombination von Tritt und Leine, verbunden mit dem kräftigen Ruf »Hush, Hush!« und nochmals »Hush!«, legte sich das Tier tatsächlich zuerst mit beiden Vorderbeinen auf den Boden und widerwillig dann auch mit dem Hinterteil. Sicherheitshalber wurde die Leine um einen Pfosten gewickelt. Die Aufgabe des Kamels war es nun, so lange am Boden sitzen zu bleiben, bis es mit einem lauten »Get up!« aufgefordert wurde, wieder aufzustehen.

Ob ich mir diese Befehle wohl zutraute, um mit den Kamelen zu arbeiten? Es gibt Dinge im Leben, die man einfach machen muss, wenn man bestimmte Ziele erreichen will. Mein Ziel war es, mit Kamelen durch die Wüste zu laufen. Also hatte ich eigentlich nur eine Chance, und zwar die, jetzt und schnell zu lernen. Mein Aufenthalt auf der Farm war ja nicht kostenlos. Ich bezahlte für mein Quartier und das Essen. Dafür durfte ich dann unter dem wachsamen Auge von Noel Fullerton lernen, wie man mit diesen Tieren umgeht.

*Hast du je daran gedacht, für längere Zeit vom Fahrrad
aufs Kamel umzusteigen?*

Während meiner Reisen habe ich immer versucht, neue
Konzepte und Ideen auszuprobieren. Ich habe alle möglichen Räder getestet und bin damit auch große Distanzen gefahren. Jetzt, da ich die Möglichkeit hatte, einige
Wochen mit Kamelen unterwegs zu sein, wurde mir klar,
dass mir das Reisen mit dem Fahrrad lieber ist. Das Fahrrad hat ja dem Kamel gegenüber sehr viele Vorteile. In
den Wüsten und Steppen der Erde ist das Kamel zwar ein
idealer Partner. Will ich aber eine Stadt besuchen und
mal im Hotel übernachten, habe ich mit einem Kamel in
der Tat ein Problem.

   Das Fahrrad kann ich mit meinem Gepäck auch in ein
Zimmer im sechsten Stockwerk mitnehmen. Das Kamel
würde nicht in den Aufzug passen und hätte auch keine
Ahnung, wie man Treppen steigt. Außerdem würde es
eine größere Schweinerei im Hotel hinterlassen. Das beantwortet doch schon mal deine Frage, Sven, oder?

*Wenn du mit Kamelen unterwegs bist, was geht da in
deinem Kopf ab?*

Das ist eine Mischung aus täglicher Vorbereitung und
Tierpflege, aber prinzipiell ist alles ähnlich wie beim
Radfahren, das Motto lautet: »Beachten und beobach-
ten.« Die Tiere zu pflegen nimmt viel Zeit in Anspruch.

Plätze zu finden, an denen es ausreichend Futter und Wasser gibt, ist für die Tiere ganz wichtig. Die Kisten für Nahrungsmittel, die Wassertanks, die Ausrüstung und die Sättel müssen den Kamelen am Abend abgenommen werden, und am frühen Morgen müssen sie wieder beladen werden. Es gibt vielleicht Druckstellen, an denen die Ausrüstung das Kamel wund gescheuert hat.

In solch einem Fall muss das Kamel geschont werden und darf zwei Tage lang, ohne Lasten zu schleppen, einfach mitlaufen. Die Wunde muss gepflegt und behandelt werden. Wenn das Tier Schmerzen hat, wird es sich weigern, die Lasten zu tragen. Ich habe schon miterlebt, wie sich ein Kamel selbst von seiner Last befreite, den inneren Turbo einschaltete und im Outback verschwand. So etwas kann für den Betreuer das Ende der Reise und unter Umständen auch das Ende seines Lebens bedeuten. Ein herrenloses Kamel kommt in der Wüste sicherlich sehr gut zurecht. Für einen Menschen gilt das eher nicht. Läuft einem das Kamel in der Wüste weg, läuft man Gefahr, dieses Missgeschick mit dem Leben zu bezahlen.

Der Herdendrang ist bei Kamelen enorm ausgeprägt, denn sie sind ja meist im Rudel anzutreffen. Das ist ähnlich wie bei Rindern oder Schafen. Sobald ein Tier in Panik wegläuft, wollen alle anderen instinktiv auch mitlaufen. Ein in Panik geratenes Kamel am Weglaufen oder Mitlaufen zu hindern ist sehr, sehr schwierig. Dafür braucht es einen ganz anders gebauten Menschen als mich kleinen Radfahrer.

Ist dir so etwas schon mal passiert?

Ja. Ich hatte dabei Glück im Unglück. Mein Kamel hieß Eddy. Ich wurde zu Beginn der Reise von Noel Fullerton gewarnt, dass dieser Eddy ein noch junges Kamel mit wenig Reiterfahrung war: »Es könnte ein bisschen wilder als die anderen sein, doch du willst ja ein Abenteuer erleben, oder?«

An einem wunderschönen Morgen waren wir in der Nähe eines Wassergrabens unterwegs. Eddy wurde unruhig, stellte sich auf die Vorderbeine, hob das Hinterteil hoch, und mit einem Ruck lag ich samt Sattel am Boden. Noel hatte die Szene beobachtet, beruhigte mit gutem Zureden die anderen Tiere, blieb aber auf seinem Kamel sitzen und lenkte es zu mir. »Was war da los?«

»Keine Ahnung!«

Mein linkes Knie schmerzte ganz fürchterlich. Ich konnte förmlich zusehen, wie es immer dicker wurde. Noel meinte, Eddy komme von selbst zurück, denn er sei noch zu jung und unerfahren, um allein abzuhauen. Aus einem Ledersack an seinem Sattel holte er eine kleine rote Tube heraus und riet mir: »Schmier dir von dem Zeug etwas aufs Knie.«

Ich versuchte aufzustehen und war überrascht, dass das Knie zwar angeschwollen war, ich aber keine Schmerzen beim Gehen hatte. Zum Glück hatte ich keine offene Wunde davongetragen. Meine Sachen, die beim Abwurf durch die Luft geflogen waren, lagen im weiten Umkreis verstreut herum. Noel hatte Eddy inzwischen eingefangen und machte mir Mut, mich mit dem Tier zu versöhnen. Nachdem ich Sattel und Ausrüstung wieder festgezurrt hatte, ging es weiter.

Dieser Vorfall ging mir noch lange nicht aus dem Kopf, zum Glück verlief unsere Tour von da an ohne weitere Probleme. Mein Knie war erstaunlicherweise am nächsten Morgen wieder ganz normal und schmerzfrei. Entweder hatte Noel mir ein Wundermittel gegeben, oder mein Abgang vom Kamel war doch nicht so schlimm gewesen, wie es für mich ausgesehen hatte.

Noel hatte sehr gute Kontakte zu den Ureinwohnern Australiens. Manchmal erzählte er mir von den Menschen, die er draußen in den Wüstengebieten oder im Outback kannte. Auf seiner Kamelfarm arbeiteten auch einige Aborigines. Einmal waren wir auf dem Weg zu einer Familie, die er wohl häufiger während seiner Touren besuchte. Noel murmelte poetische Sätze in der Sprache der Ureinwohner vor sich hin. Manchmal hielt er die Kamele an und verfiel in einen gesangsähnlichen Ton. Arme Kamele, dachte ich mir, vermutlich müssen sie dieses Gejammere ständig über sich ergehen lassen.

Mit jedem Gedicht und jedem Song näherten wir uns dem Treffen mit der Aborigine-Familie, die wir heute besuchen wollten. Ich wunderte mich darüber, wie man ohne Wegweiser mitten im Outback zurechtkommen konnte, und vermutete, dass es ähnlich sei wie beim Radfahren: Durch das Umfeld, also durch Bäume, Felsformationen und Hügel, findet man den gesuchten Platz. So wie alle Wege angeblich nach Rom führen, führten hier im Outback offenbar alle Hügel, Bäume und Felsformationen zu dieser Familie, die in einer äußerst unwirtlichen Umgebung wohnte. Entweder knallte die Sonne unbarmherzig auf die rote Erde, und die Hitze strahlte von oben wie auch von unten, oder der Regen verwandelte den Boden in einen lehmigen Brei. Ich bewundere Menschen, die den Wandel der Zeit ablehnen und mit dem, was sie haben, ihren Alltag organisieren.

In der Ferne sah ich etwas glitzern. Noel zeigte auf den Punkt. Langsam näherten wir uns einer Hütte aus Blech. Kein Hundegebell und keine Kinder, die sonst immer die Ersten sind, die Besucher empfangen. Wir waren noch weit von der Hütte entfernt, aber Noel rief bereits unsere Ankunft aus. Doch blieben alle Grüße unerwidert.

Bei unserer Ankunft war ich von der Unordnung überrascht. Alles lag irgendwie und irgendwo im Sand verstreut. Mittendrin stand die Blechhütte, daneben ein mit Ästen bedecktes Dach mit einer Feuerstelle aus Steinen.

Noel brachte erst mal sein Kamel mit einem lauten »Hush!« zu Boden, stieg ab, nahm einige Nahrungsmittel in Dosen aus seinem Gepäck und trug sie in die Hütte. Kurz darauf kam er wieder heraus und meinte: »Sind weggegangen. *Walkabout*. Schade, ich wollte dich meinen Bekannten vorstellen, doch daraus wird jetzt wohl nichts werden.«

Die »Walkabouts« sind Teil der Kultur der Aborigines, die durch das Land ziehen, um die traditionellen »Songlines« (Traumpfade) selbst zu erleben. Letztere bilden eine unsichtbare, mythische Landkarte Australiens, die per Gesang von Generation zu Generation weitergetragen wird und die Grundlage der Wanderungen ist. Dabei geht es darum, in der Natur ein Abbild für das zu finden, was in dem Traumpfadlied erzählt wird.

Wir brauchten noch etwa zwei Tage, bis wir wieder auf der Kamelfarm in Stuarts Well waren. Ich war fasziniert von diesem Ausflug. Bei unserer Ankunft zog Noel eine Pistole aus seiner Ledertasche am Sattel und feuerte dreimal in die Luft. Seine Tochter Michelle kam auf uns zugerannt, umarmte ihren Vater und begrüßte mich mit der Frage: »Na, wie war die Tour mit ihm?«

»Danke, ein tolles Abenteuer, es wird mich mein ganzes Leben begleiten. Ich bin sehr froh, dass ich deinen Tipp nicht befolgen musste.«

Michelle hatte mir nämlich kurz vor unserer Abreise den Rat gegeben: »Sollte meinem Vater unterwegs etwas passieren, und er stirbt oder ist verletzt, dann nimmst du Mick, sein Lieblingskamel, setzt dich drauf und sagst: ›Go home!‹ Mick wird den Weg zurück zur Kamelfarm ohne Probleme finden.«

Nach dieser Tour blieb ich noch zwei weitere Tage auf der Farm. Ich musste meinen Gedanken und meinem Körper etwas Zeit schenken, um sich von dem ewigen Schaukeln auf dem Kamel zu erholen. Es war auch schön, wieder einmal in einem Bett zu schlafen und nicht die ganze Nacht die komischen Laute der Kamele hören zu müssen.

Was hast du anschließend gemacht?

Ich war ja eigentlich auf einer Fahrradtour von Perth nach Darwin unterwegs, und dieser Aufenthalt bei den Kamelen war für sechs Wochen geplant. Deshalb setzte ich mich danach einfach wieder auf das Fahrrad und fuhr weiter nach Darwin.

Sven steht auf und bedankt sich für das Interview. »You made my day!«, ruft er mir zu, als er in sein Auto klettert und seine Reise entlang der Gibb River Road fortsetzt. Ich selbst setze mich auf mein Fahrrad und fahre in Richtung Derby weiter.

Es sind Leute wie Sven und viele andere Journalisten, die ich während meiner Touren getroffen habe, denen ich immer wieder dankbar bin. Sie nahmen sich viel Zeit, um über meine Reisen mit dem Fahrrad zu berichten. Sie fanden mein Leben interessant genug, um ihre Leser darüber zu informieren und ihnen zu zeigen, dass es Menschen gibt, die ihre Träume realisieren und dabei manchmal Kopf und Kragen riskieren. Geistige Willenskraft und ein bestimmtes Maß an körperlicher Robustheit sind die Voraussetzung für ein solches Leben. Jeder Tag während einer Reise dient dazu, neue Erlebnisse aufzunehmen und zu verarbeiten. Nur so kann man seine Träume umsetzen und innerlich an Stärke gewinnen. Natürlich will jede Reise erst einmal gut vorbereitet sein.

KAPITEL 12
Tipps für Trips

Egal, wie lange man sich zu Hause auf eine Fahrraddurchquerung einsamer Gebiete vorbereitet, in der Praxis sieht es dann trotz genauester Planung immer ganz anders aus. Bedingt durch Stürme, Regenperioden, Hitzewellen und sehr kalte Nächte, kann es dem »Solotreter« passieren, dass er mit dem Fahrrad am Rand einer Savanne oder Wüste steht und etwas ratlos im Reiseführer blättert. Denn die Informationen darin stimmen mit der Realität oft nicht überein. Ein Großteil der bekanntesten Reiseführer hat ausführliches Informationsmaterial für eine Autoreise im Angebot, doch kann man diese Infos nur begrenzt als Radfahrer nutzen. Immerhin gibt es in der Zwischenzeit in den meisten Reiseführern zumindest einen Anhang für Radfahrer, oder Verlage haben sogar spezielle Radreiseführer auf den Markt gebracht.

Gehen wir einmal davon aus, dass sich jeder Tourenradler ausreichend mithilfe von Büchern, Internet oder durch Chatrooms auf seinen Trip durch einsame Gegenden vorbereitet hat. Ich kann darüber hinaus empfehlen, ein bisschen Kopfkino zu spielen und im Vorfeld realistische Erwartungen an eine derartige Tour zu entwickeln. Die psychologische und die physische Vorbereitung sind gleichermaßen wichtig. Zudem sollte die Ausrüstung so hochwertig wie möglich sein. Nicht zuletzt darf man die Natur und ihre Kraft nie unter- und seine körperlichen Fähigkeiten nie überschätzen. Diese Empfehlungen sind die soliden Bausteine jeder Fahrradtour.

Liegt zwischen dem Start und dem Ziel der Reise eine Wüste oder eine Savanne, sollte man sich vorher überlegen, wie man diesen sandigen und trockenen Streckenabschnitt durchqueren wird – im weichen und komfortablen Sitz eines Flugzeugs, im heißen Auto, in einem schepprigen Knochenrüttlerbus, in einem mit Waffen oder Drogen beladenen Lkw oder doch lieber auf die abenteuerliche Weise auf dem Sattel eines Fahrrads?

Entscheidet man sich für die letztere Variante, ist es äußerst wichtig, die Distanzen zwischen den Versorgungsstellen auszurechnen. Ich erinnere mich an meine Durchquerungen der Sahara, der Thar-Wüste in Indien, an Belutschistan, Pakistan oder die Durchquerung der Atacama-Wüste in Südamerika. In allen Fällen waren die Streckenabschnitte vor den eigentlichen Wüsten bereits ein guter Testboden, denn man fährt ja langsam in die Wüstengebiete hinein. In diesen »Transitgebieten« kann man sich bereits auf die kommende Wüstendurchquerung vorbereiten und mit der Zubereitung von leichten

Gerichten wie auch der Trinkwasserversorgung und Aufbereitung von Wasser experimentieren. All das liefert dem Reiseradler in den trockenen und sandigen Regionen dieser Erde einen psychologischen Vorteil.

Während meiner ersten Reise durch die Sahara war ich sehr nahe daran, beim Anblick der ersten riesigen Sanddünen einen Rückzieher zu machen. Es war ein furchterregendes Erlebnis. Es hat viel Mut gebraucht, um die Tour nicht abzubrechen. Langsam fuhr ich in diese phantastische Wüstenlandschaft, bestehend aus riesigen Sanddünen, blauem Himmel und einem breiten Band schwarzen Asphalts.

Es war der Asphalt, der mir Sicherheit gab. Er signalisierte, dass diese Straße irgendwo hinführte. Mit jedem Tritt an der Kurbel fasste ich mehr Mut und Zuversicht, dass ich es bis in die nächste Oase schaffen würde.

Nach meiner ersten Saharadurchquerung und der Ankunft an der Küste von Togo tat es mir leid, dass das vorher so gefürchtete Wüstenerlebnis dort zu Ende war. Für meine zweite Durchquerung wählte ich die Strecke von Alexandria in Ägypten bis nach Rutovu in Burundi an der südlichsten Quelle des Nils.

Ist man nicht gut vorbereitet, dann bekommt man es spätestens beim Anblick der Dünen mit der Angst zu tun, und das Gefühl der Einsamkeit krabbelt einem langsam, aber sicher den Rücken hoch. Das Abenteuer wartet mit offenen Armen, jetzt nichts wie hinein in das viel beschriebene »Nichts« der Wüste.

Hier auf der Gibb River Road sind es nicht die Dünen, und es ist nicht die Wüste, was so verlockend ist. Es sind eher die bizarren Felsformationen und die Schluchten. Als Radfahrer fühlt man sich jedoch auch auf der Gibb River Road in einer extremen Welt. Oben auf den Hügeln hat man einen wunderbaren Ausblick über die herrliche Landschaft.

Ich muss unweigerlich an die wunderschönen Punktmalereien der Ureinwohner denken. Mit einem Grashalm oder einem kleinen Zweig wird Punkt für Punkt eine Mischung aus Naturpigmenten und Erdfarben aufgetragen. So entstehen Linien, Spiralen, Ornamente, Boden- und Felsmalereien, die so etwas wie die »Geschichtsbücher« der Aborigines darstellen und über geheime kulturelle Zeremonien berichteten. In den Siebzigerjahren wurde diese »Dot Art« durch eine Künstlerbewegung, die Papunya Tula Pty. Ltd., für die westliche Welt entdeckt. Heute erzielen diese Gemälde auf dem Kunstmarkt stolze Preise von bis zu einer Million Dollar.

Die Aussicht reicht weit ins Landesinnere, und die grünen und goldgelben Sträucher, die an den Hügeln in der Distanz zu sehen sind, erinnern tatsächlich an die farbenfrohen Malereien der Aborigines.

Die rote Erde und der rote Dünensand sind bei vielen Malereien der Ureinwohner die Grundlage des Gemäldes. Die Farben wurden ursprünglich aus Baumrinden, Beeren und verschiedenen fein gemahlenen Gesteinspulvern gewonnen und gemischt. Hier draußen sehe ich

Farben, Hügel, Pflanzen und Bäume aus einer anderen Perspektive, die Ansichten verbinden sich vor meinem geistigen Auge zu den Malereien der Aborigines. Mit dem Fahrrad kann man solche Aussichten viel unmittelbarer erleben als mit dem Auto. In solch schönen Momenten fühle ich mich sehr privilegiert. Beeindruckend, diese Farbenpracht, die für den australischen Kontinent so einmalig ist, in aller Ruhe beobachten zu können. So etwas vergisst man nicht mehr.

Die Hügel haben heute Kraft gekostet, und ich werde es zum Lennard River nicht mehr schaffen. Da ich auch nicht weiß, wie gut oder schlecht die Piste bis dorthin ist, halte ich lieber mal Ausschau nach einem Campingplatz. Die Sonne wird in einer Stunde woanders scheinen, es wird dann kühl und dunkel sein.

Ich bleibe stehen und trinke aus der Wasserflasche. Plötzlich höre ich ein leises Quietschen und vermute zuerst, dass es vom Fahrrad kommt. Aber da ich mit beiden Beinen auf dem Boden stehe, kann das nicht sein. Meine Neugierde ist geweckt. Ich lege das Fahrrad flach auf den Boden, halte Ausschau danach, wo das Quietschen herkommt, und sehe im Schein der wunderschön orange gefärbten Sonne ein riesiges Windrad.

Ich lasse das Fahrrad liegen und laufe die 200 Meter durchs Gras, um zu dem Windrad zu gelangen. Es steht ein bisschen versteckt hinter zwei riesigen Bäumen, deshalb habe ich es zunächst nicht bemerkt. Ein Stacheldrahtzaun umgibt das Windrad, mit dessen Hilfe Wasser aus dem Boden hoch in einen kleinen Billabong gepumpt wird.

Ich krieche durch den Zaun, gehe zu dem Wasserrohr, das zum Teich führt, und halte meine Hand unters Wasser, um festzustellen, ob es trinkbar ist oder wieder nur so eine Brühe, die nach Schwefel stinkt und nach Salz schmeckt. Tatsächlich ist das Wasser als Durstlöscher nicht zu gebrauchen und als Reinigungsmittel auch nur im »äußersten Notfall«.

Enttäuscht gehe ich zurück zu meinem Fahrrad, und im selben Moment hält dort ein Jeep. Der Fahrer schaut mich ziemlich entsetzt an und fragt: »Bist du etwa dabei, dir hier ein Nachtquartier zu suchen?«

»Jawohl, genau das habe ich vor«, meine ich nur.

»Da wirst du hier aber keine Ruhe haben. Während der Nacht streunen Tiere ums Wasser herum und dazu der Lärm vom Windrad ... Wenn du willst, kannst du bei uns auf der Farm übernachten. Wir haben einige leere Betten, eine Dusche, und zu essen bekommst du auch was. Es ist nicht weit, schmeiß dein Fahrrad auf die Ladefläche.«

Zu einem solchen Angebot kann ich schlecht Nein sagen. Ich frage: »Wie weit ist die Farm denn von hier?«

»Wenn du dich auf die Zehenspitzen stellst, kannst du das Dach von einem der Gebäude sehen.«

»Nicht weit also«, stelle ich fest, »da radle ich lieber.«

»Okay, fahr mir einfach nach. Ich sperr schon mal die Hunde ein, damit sie dich nicht zerreißen, wenn du ankommst. Wir haben sie ziemlich scharf gemacht.«

Ich sehe Staub, rieche Diesel und höre den Motorenlärm. Es ist ziemlich einfach, dem Dreck und Krach nachzufahren. Kurz nach der Abzweigung zur Farm erwartet mich ein solides, geöffnetes Eisentor. Einige Meter dahinter ist der Weg zur Farm, die auf einem Hügel steht, asphaltiert.

Unterwegs dorthin fahre ich an einem Käfig mit vielen Hunden vorbei. Das Gebell der Tiere ist ohrenbetäubend. Ohne Einladung auf das Gelände zu fahren wäre ausgesprochen gefährlich. Ungebetene Gäste würden die Hunde tatsächlich zerreißen.

Als ich am Haus ankomme, rennen zwei weitere Hunde auf mich zu. »Die sind absolut harmlos«, ruft mir der Farmer zu. »Den bellenden Haufen da unten, den brauchen wir für die Jagd. Die treiben uns die Wildschweine und Wildpferde zusammen. Es sind Arbeitstiere, nichts zum Streicheln.«

Ich lehne das Fahrrad an die Wand des Hauses. Wie so üblich in Australien, stelle ich mich jetzt erst mal vor. »Mein Name ist Bob, Bob Wald.«

»Herzlich willkommen! Mein Name ist Ben White«, erwidert der Farmer. »Du bist zum Essen eingeladen, in einer Stunde ist es so weit.«

Gary, der jüngste Sohn, wird vom Vater beauftragt, mir das Gästezimmer zu zeigen, das in einem anderen Gebäude liegt. Ich nehme mein Fahrrad mit. Als ich das sogenannte Gästezimmer sehe, muss ich erst mal tief Luft holen. Diesen Raum kann man kaum ein Zimmer nennen. Es ist schlicht eine Beleidigung, Menschen in diesem Zimmer unterzubringen. Wieder einmal wird mir bewusst, wie sauber und einfach es im Outback ist. Mir wäre es lieber, draußen von Ameisen in den Hintern gezwickt zu werden, als in diesem Zimmer übernachten zu müssen.

Das Bett ist zu schmutzig, um meinen Schlafsack daraufzulegen. Die Bude stinkt nach Zigarettenrauch, und der Boden ist übersät mit alten, klebrigen Essensresten. Es ist mir unmöglich, daran zu glauben, dass nur eine Person allein diesen Saustall verursacht hat. Ein Teller ist halb gefüllt mit Spaghetti und einer dubiosen roten Sauce. Die ersten Anzeichen von Schimmel sind bereits auf der Sauce sichtbar. Was mich total fasziniert, sind die fünfzehn ausgekauten Kaugummis, die den Tellerrand zieren. In der Ecke steht ein mit leeren Bierdosen überfüllter Behälter, der den Saustall dekoriert.

Ich bin mir sicher, dass sich der Junge schlicht im Zimmer geirrt hat. Es ist mir aber zu peinlich, ins Farmhaus zu gehen und die Sache anzusprechen. Im selben Gebäude gibt es noch andere Räume, die frei und weit weniger ekelhaft sind. Kurzum, ich belege einen dieser anderen Räume.

Nach dem Essen erwarte ich das übliche Gespräch und die vielen Fragen, doch fällt dieser Teil hier komplett aus. Die Menschen sind zu beschäftigt damit, irgendwelche Soaps auf einem riesigen Bildschirm in einem Raum neben der Küche zu verfolgen. Eigentlich bin ich sogar dankbar dafür. Nach den vielen Touren und Tausenden Kilometern finde ich es langweilig, immer wieder die gleichen Geschichten zu erzählen. Oft habe ich das Gefühl, dass es reicht, den Menschen einfach nur ihre Fragen zu beantworten, ohne mich in eine lange Diskussion zu verwickeln.

Wenn sich die Situation ergibt, bin ich natürlich immer gern zu einem Gespräch bereit, denn schließlich ist das die Basis meiner Reisen: sehen, zuhören und lernen, wie andere Leute ihren Alltag verbringen und das nötige Geld verdienen. Heute allerdings gehe ich zurück in das selbst gewählte Gästezimmer, denn die Steckdosen sind zu verlockend. Ich habe Strom und außerdem auch Lust, noch ein bisschen an meiner Website zu arbeiten.

Mit dem Update werde ich aber noch bis Derby warten müssen. Denn zwischen Kununurra und Derby gibt es zwar die Gibb River Road, doch der »Datenhighway« verläuft woanders. Eigentlich finde ich es auch gut, dass es nicht überall einen Zugang ins Internet gibt. Zu Hause bin ich immer und überall abrufbar – hier im Outback nur in den größeren Ortschaften oder über ein sündhaft teures Satellitenprogramm.

Am Morgen gehe ich noch mal rüber zum Haus, um mich zu bedanken und zu verabschieden. Zu meinem Erstaunen sind alle Türen offen, und einer der Hunde liegt mitten in der Küche unter dem Tisch und wedelt mit dem Schwanz. Der andere Hund liegt auf dem Sofa, auf dem am Abend zuvor »geglotzt« wurde, und schläft. Egal, wie laut ich mich bemerkbar mache, es ist niemand aufzufinden. Aus der Fernsehkiste brüllen AC/DC mit »Highway to Hell«. Ich gehe wieder zu meinem Fahrrad, setze mich drauf und fahre los.

Der Käfig, in dem bei meiner Ankunft die Hunde Theater machten, ist leer. Die Hunde sind mit den Menschen verschwunden. Neben der Ausfahrt stehen auf einem Zementboden mit Dach einige Geräte, die man wahrscheinlich für die landwirtschaftlichen Arbeiten benötigt. Ich bleibe stehen in der Hoffnung, jemanden anzutreffen, um mich bedanken zu können, doch auch hier ist kein Mensch zu sehen. Also fahre ich noch mal zurück zum Wohnhaus, nehme meine Autogrammkarte aus der Tasche, schreibe »Thank you« darauf, lege sie auf den Tisch und mache mich auf den Weg.

Es sind noch geschätzte 150 Kilometer bis nach Derby, die ich an einem Tag schaffen könnte. Zudem habe ich gehört, dass die letzten siebzig Kilometer auf einer neu angelegten Asphaltstraße verlaufen. Das macht mir Mut und motiviert mich, denn jede Straße ist besser als das, was ich während der letzten acht Tage erlebt habe.

In Australien gibt es viele Verbindungsstraßen zwischen Ortschaften und Städten, die als Highways bezeichnet werden, jedoch für Autofahrer zum Höllenritt werden können. Diese langen, staubigen Streckenabschnitte mit wenigen Versorgungsmöglichkeiten sollte man wirklich nur in Autos mit Vierradantrieb befahren. Manchmal werden diese Routen auch während der Regenzeit benutzt, dann bleiben die fahrbaren Untersätze auch schon mal im Schlamm stecken. Beim Versuch, sie da wieder rauszuziehen, entstehen riesige Löcher, die in der Trockenzeit zu einem chaotischen Straßenzustand führen. Die Entfernungen sind enorm, und der Straßenverwaltung ist es offenbar nicht möglich, Geräte dorthin zu bringen, um die Straßen zu reparieren, also bleiben diese Stellen oft sehr lange dem Schicksal des Outback überlassen.

Australien ist so wunderschön, kann aber auch sehr abenteuerlich und gefährlich werden. Das Outback vergibt keine Fehler.

Wenn alles so stimmt, was ich von Autofahrern gehört und auf meiner Karte gelesen und gesehen habe, dann sind es von meinem jetzigen Standort bis nach Broome noch 370 Kilometer. Freude kommt in mir hoch, wenn ich an die letzten 290 Kilometer asphaltierter Straße denke. Ich sehne mich nach diesem heißen Asphaltstreifen. Irgendwann bin ich genug gerüttelt und geschüttelt worden, und ich brauche einen Tag ohne Fahrrad, einen Tag zum Ausspannen, einen Tag Erholung.

Das ist eben der Unterschied zwischen einem Tourenfahrer und einem »Sonntagsfahrer«: Der Tourenfahrer ist froh, wenn er mal einen Tag nicht in die Pedale treten muss, der »Sonntagsfahrer« ist froh, wenn er wenigstens einen Tag auf dem Fahrrad unterwegs sein darf. Beide haben aber auf ihre je eigene Art und Weise diese un-

glaublich schöne und angenehme Leidenschaft fürs Radfahren für sich entdeckt.

Von einem sanften Rückenwind werde ich in Richtung
Westen geschoben. Ich komme einmal mehr zu der Einsicht, dass das Fahrrad ein hervorragendes Transport-
und Sportgerät ist. In den Taschen transportiere ich
meinen gesamten Haushalt, und jede Tasche hat eine bestimmte Funktion.

Jeder Radfahrer hat eigene Vorstellungen davon, wie
die Dinge in den Taschen verteilt werden. Es ist natürlich
jedem selbst überlassen, ob die Bekleidungstasche hinten rechts am Gepäckträger befestigt wird oder ob man
sie nicht doch lieber vorne links befestigt. Während meiner Reisen habe ich für mich und meine Bedürfnisse fol-
gendes System entwickelt:

Am Vorderrad-Gepäckträger links habe ich meine
»Küche« und die Nahrungsmitteltasche, dort hängt die
Tasche praktisch und griffbereit. Auf der anderen Seite
ist mein »Kleiderkasten«, also die zweite kleinere Tasche.
Am linken hinteren Gepäckträger transportiere ich die
Tasche mit der Technik für die Reise. In der rechten
Tasche befinden sich der Schlafsack und die Matte. Das
Zelt transportiere ich in einem wasserdichten Sack auf
dem Gepäckträger. Die Trinkflaschen sind am Rahmen
montiert. Zudem habe ich am Lenker eine kleine Lenker-
tasche befestigt. Darin befinden sich die Sachen, die ich
nicht aus dem Auge verlieren möchte: Geldgürtel, Dokumente, kleine Kamera und Ähnliches.

Aus Erfahrung weiß ich, dass ich manchmal den Tascheninhalt ein bisschen anders platzieren muss, um Platz für wichtige Ergänzungen auf einem bestimmten Reiseabschnitt zu machen, doch bleibe ich diesem Prinzip ziemlich treu. Es hat sich nach vielen Jahren für meine Bedürfnisse bewährt. Die Reiseausrüstung ist etwas sehr Spezielles, und man sollte sich für verschiedene Touren diverse Ausrüstungslisten zusammenstellen.

Das Reiserad

Nach anstrengenden Tagen im Outback ist es angenehm und wichtig, die Städte oder Ortschaften zu nützen, um einen oder zwei Tage auszuruhen und dem Körper die Möglichkeit zu geben, sich zu regenerieren. Ich genieße es dann, die Matte/Schlafsack-Kombination im Zelt mit einem richtigen Bett mit einer Matratze zu tauschen. Die Eindrücke und Gedanken, die man draußen in der Natur aufnimmt, müssen schließlich auch verarbeitet werden. Ich brauche Platz im Kopf für neue Ideen und Bilder, die ich dann bei der Weiterreise sehe und erlebe. Um diesen Gedanken freien Lauf lassen zu können, ist es natürlich wichtig, dass der Körper trotz der Hitze und der gegebenen Bedingungen optimal funktioniert.

Ein weiterer wichtiger Faktor ist ein gut funktionierendes Fahrrad, über das man prinzipiell viele Seiten eines Buches füllen könnte. Rahmenbau, Legierungen, Maße, Rahmenelastizität und sonstige technische Daten sind in Fachbüchern bis ins kleinste Detail beschrieben. Viele für einige Zeit als unumstößlich geltende Fakten werden aber auch immer mal wieder widerrufen. Mein technisches Wissen reicht in diesem Bereich nicht aus, um dem Leser gezielte Ratschläge zu geben. Worüber ich aber durchaus einiges zu sagen habe, sind die verschiedenen Radmodelle, die ich während meiner Touren benutzt habe.

Grundsätzlich ratsam ist es, mit so wenig Körpergewicht wie möglich auf eine Tour zu gehen, weshalb ich im Vorfeld immer eine Diät gemacht und abgespeckt habe. Das ist gut für den Fahrradrahmen, aber auch für den Körper. Für Techniker ist das sicherlich nicht unbedingt ein zwingender Aspekt, doch für mich ist es ein wichtiger Punkt, um meinen »Lastenschlepper« nicht zu überfordern, sondern dadurch die gesamte Konstruktion zu schonen. Nebenbei gesagt, haben mir die fehlenden Kilos bei den Tagesetappen auch immer gutgetan.

Bei meinen Reisen fuhr ich zunächst zwei klassische 28«-Randonneur-Tourenräder, später dann die ersten Mountainbikes. Zwischendurch benutzte ich ein wunderbares Trike, und anschließend bewältigte ich meine

Touren mit 26«-Mountainbikes und -Reiserädern. Seit meiner 30 000-Kilometer-Tour von Alaska nach Patagonien in den Jahren 2001 bis 2003 genieße ich auch das Privileg einer Rohloff-Speedhub. Das ist ein Wunderwerk deutscher Technik, und ich möchte auf dieses 14-Gang-Getriebe nicht mehr verzichten. Während extremer Touren durch Wüsten oder die Dschungelgebiete Asiens und Südamerikas hat mich meine qualitativ hochwertige Ausrüstung nie im Stich gelassen. Nur so macht Radfahren auch richtig Spaß.

Ich kenne Menschen, die mit einem hochwertigen Fahrrad unterwegs sind, an dem alles perfekt funktioniert, und dennoch habe ich diese Leute beobachtet, wie sie am frühen Morgen mit einer Hand am Fahrrad schraubten und mit der anderen den Müsliriegel umklammerten. Ich habe es nie verstanden und werde es auch nie verstehen, warum an einem technisch einwandfreien Gerät immer herumgeschraubt werden muss. Ist es die Liebe zum Schrauben oder vielleicht der Wunsch, »Perfektes« zu verbessern? Ich bin kein technisch orientierter Mensch. Ich pflege mein Fahrrad, damit es lange und vor allem einwandfrei funktioniert. Das »Schrauben« überlasse ich aber anderen. Für mich ist das Fahrrad ein wunderbares Gerät, um mich selbst fit zu halten und die Welt, in der wir leben, auf eine angenehme Art und Weise kennenzulernen.

Eine Reise mit dem Fahrrad kann in vielen Situationen sehr anstrengend und herausfordernd sein. Probleme technischer Art können bei jedem Gerät entstehen. Mit einem hochwertigen Rad reduziert man das Risiko einer Panne allerdings erheblich.

KAPITEL 13

Ankunft in Derby

Nach einer langen, erlebnisreichen Fahrt von Cairns bis zum Lennard River finde ich wieder einen angenehmen Platz, wie schon so oft, für eine weitere Übernachtung im weichen Sand. Am Abend beim Lagerfeuer denke ich über die vergangenen Wochen nach und bin von all den Erlebnissen fasziniert und beeindruckt. Im Outback kann das Radfahren trotz der Gefahren eine Bereicherung fürs Leben sein.

Es ist zwar angenehm zu wissen, dass man auf dem Savannah Way und der Gibb River Road nie allein unterwegs ist und im Notfall Hilfe von den Autofahrern bekommen würde; als Radfahrer hat man aber doch das Bedürfnis, den Weg allein zu meistern, um das Ziel zu erreichen. Dieses Ziel rückt für mich nun mit jedem Pedaltritt greifbar näher. Die Stadt Derby mit ihren 6000 Einwohnern liegt am Ende der Gibb River Road. Derby ist das Verwaltungszentrum der West-Kimberley-Region.

Die kleinen Städte des Outback haben ein bestimmtes Flair. Die Bewohner wissen, dass alles Verkäufliche zuerst herbeigeschafft werden muss, und das kann manchmal schwierig werden. Ein gut ausgebautes und asphaltiertes Straßennetz ist noch lange keine Garantie für einen reibungslosen Handel und gute Geschäfte. Sehr oft müssen alle Güter über lange Wege entweder per Schiff oder auf der Straße in riesigen Road Trains transportiert und ausgeliefert werden. Bahnverbindungen sind hier im Norden Westaustraliens nicht üblich, und wenn es sie gibt, dann werden meist nur Rohstoffe aus den Minen für den Export in die Küstengebiete transportiert.

Das Umfeld außerhalb der bewohnten Ortschaften ist sehr harsch, leer und doch irgendwie wunderschön – wahrscheinlich gerade deshalb, weil es schwer zugänglich ist. Wirbelstürme und Überschwemmungen sind im Nordwesten Australiens keine Seltenheit. Die Bewohner sind auf derartige Situationen gut vorbereitet, schließlich hat man über Jahrzehnte hinweg Erfahrungen gesammelt und sich gegen Katastrophen schützen gelernt. Die Zahl der Wirbelstürme hat sich in den letzten Jahren nicht nur verdoppelt, sie sind auch viel heftiger und dadurch gefährlicher geworden. Die Zahl der Schutzräume ist gestiegen, und die Ausschilderungen sind besser geworden. Dennoch bringt das Leben in den Tropen eben Abenteuer mit sich.

Ich freue mich jetzt schon auf Derby, obwohl es sicherlich noch zwei Tage dauern wird, bis ich dort ankommen werde. Bin ich längere Zeit mit derartigen Touren durch das Outback beschäftigt, habe ich bestimmte Vorstellungen, wie ich meinen Aufenthalt vor Ort gestalten werde. Meist wird gezeltet, Wäsche gewaschen, in einem Restaurant mal wieder richtig schön und ausgiebig gegessen und mit Menschen diskutiert. Gespräche mit den »Locals« dürfen nicht zu kurz kommen. Schließlich sind es diese Menschen, die mir viel über das Leben vor Ort erzählen.

Was mich während dieser kurzen Aufenthalte in der Zivilisation immer stört, ist der Lärm, der von den Leuten unnötig produziert wird. Rasenmäher, Autos, Kühlanlagen, Motorräder und vieles mehr werden oftmals gar nicht mehr als Krach wahrgenommen, sondern als unvermeidliche Nebengeräusche akzeptiert. Mir knallt diese Geräuschkulisse allerdings so richtig in die Ohren, nachdem ich einige Zeit in der Stille des Outbacks verbracht habe und mich dann wieder in einer Stadt oder einer größeren Siedlung aufhalte.

Natürlich ist dort, wo Menschen zusammenkommen, Lärm nicht zu vermeiden. Deshalb suche ich mir auf Campingplätzen, wenn möglich, eine Ecke aus, wo vielleicht etwas weniger Krach produziert wird. Menschen, die mit Wohnmobilen und diversen fahrbaren Übernachtungsmöglichkeiten anreisen, erzeugen logischerweise mehr Lärm als Radfahrer. Kleine Generatoren, die stundenlang vor sich hinsummen und Strom für den Kühlschrank, das Licht und den Fernseher produzieren, können ganz schön nervig sein.

Da sich mein Aufenthalt an diesen Plätzen meist auf ein bis zwei Tage beschränkt, habe ich gelernt, mit diesem

Fortschritt der Technik und dem Bedürfnis der Menschen umzugehen und zu leben.

Als Radfahrer wird man tolerant und bringt für andere Menschen viel Verständnis auf, denn anschließend bin ich wieder längere Zeit allein unterwegs und somit Herr des Geschehens, kann tun und lassen, was ich möchte, denn die Spielregeln in der Natur und mit der Natur sind einfach. Ich bin zu Gast im größten Freitheater der Welt und habe gewisse Pflichten, die es zu erfüllen gilt. Eine der wichtigsten ist der respektvolle Umgang mit der Natur. Müll, den ich im Outback hinterlassen könnte, fällt bei mir so gut wie gar nicht an, denn die Verpackungen meiner Einkäufe kann ich verbrennen oder bis zur nächsten Abfalltonne mitnehmen.

An einigen Raststellen entlang der Straßen hat man bereits begonnen, die Mülltonnen wieder zu entfernen, da sie von Wildtieren und von Vögeln systematisch geleert wurden. Das Resultat kann man sich vorstellen: Die Mülltonnen waren leer, und der Rastplatz glich einem Schlachtfeld aus leeren Dosen, Windeln und Plastiktüten – ein übel stinkender »Sauhaufen«. Um diesen Rastplätzen, die dann ohnehin niemand mehr benutzte, ein besseres Image zu verleihen, hat die Straßenverwaltung die Mülltonnen eingesammelt, den Müll entfernt und Schilder mit dem Text aufgestellt: »Bitte nimm deinen Müll wieder mit – danke!«

In unserer viel zitierten Wegwerfgesellschaft ist mir in Australien auch aufgefallen, dass die Tüten, Kartons, Becher und Dosen der Fast-Food-Ketten jenseits einer Ortschaft auf einer längeren Strecke den Straßenrand »schmücken«. Das Wort »Umweltbewusstsein« ist in Australien bislang nur selten in den Köpfen der Menschen angekommen. Vor vielen Jahren war der Straßenrand des Stuart Highway südlich von Darwin mit leeren Bierdosen übersät. Damals hat man die Häftlinge aus der Strafanstalt »Fanny Bay« in Darwin mit Bussen zu verschmutzten Straßenabschnitten gefahren, um sie die leeren Bierdosen einsammeln zu lassen.

Darwin hatte schon immer einen enorm hohen Bierkonsum. Im Volksmund wird dieser Konsum der Hitze im Norden Australiens zugeschrieben. Ein Festival, das jährlich in Darwin stattfindet, ist die »Beer Can Regatta«, zu der von den Einheimischen Boote aus leeren Bierdosen gebaut werden, die dann im Juli oder August beim Festival zum Einsatz kommen.

Die Gibb River Road

In der Zwischenzeit bin ich in Derby angekommen. Das »Monster« Gibb River Road liegt hinter mir. Ich bin erleichtert, diesen schwierigen Abschnitt beim dritten Versuch gemeistert zu haben. Es tut gut zu wissen, dass ich mir meinen Wunsch, die Gibb River Road zu befahren, nun erfüllt habe. Das Ende des Savannah Way und damit das Ziel liegt allerdings noch 220 Kilometer vor mir: Broome.

Nach all dem Staub auf der Wellblechpiste zwischen Kununurra und Derby sind jetzt dort zwei Ruhetage angesagt. Meine Bedürfnisse haben absolute Priorität. Ein bisschen Komfort und gutes Essen müssen auch mal sein.

Nachdem ich meine erste Erkundungsfahrt nach meiner Ankunft in Derby absolviert habe, entscheide ich mich für den Campingplatz etwas außerhalb der Stadt. Er ist größer und auch etwas ruhiger als der im Stadtzentrum.

Derby ist mir noch von verschiedenen Reisen her in Erinnerung. Die Sehenswürdigkeiten beschränken sich auf den »Prison Tree«, einen ausgehöhlten Baum, der einst als Gefängnis diente. Viel schöner als diese Erinnerung an eher unschöne Zeiten finde ich die riesigen Boabs oder Flaschenbäume. Wunderschöne Exemplare stehen an vielen Stellen der Ortschaft und bieten ein phänomenales Bild in dieser extremen Umgebung.

Während dieser beiden Tage in Derby kommt Freude auf, denn ich weiß, dass mich diesmal weder Sonne noch Wind und schon gar nicht der Regen von meinem Vorhaben, die Gibb River Road zu meistern, abhalten konnten. Die Sache ist durch. Ziel erreicht, Traum erfüllt.

Was jetzt noch kommt, ist wie beim Fliegen: der Landeanflug. Da darf nichts schiefgehen. Gegenwind beim Fliegen ist immer besser als Rückenwind, das weiß ich noch von den Tagen, als ich meinen Pilotenschein für Kleinflugzeuge in Sydney machte. Beim Radfahren ist es gerade umgekehrt: Rückenwind ist immer besser als Gegenwind. Die Wettervorhersage für die letzten 220 Kilometer dieser Tour ist einwandfrei.

Ausrollen von Derby nach Broome ist eine gute Idee. Noch mal die gesamte Tour Revue passieren lassen, ein bisschen festhalten, die positiven Erlebnisse genießen und aus den negativen Aspekten lernen. Mit zweiundsiebzig Jahren darf ich auch froh sein, den Mut und die Gesundheit zu besitzen, um diese Tour überhaupt unternommen zu haben. Jede Tour, egal, ob klein, kurz, lang oder groß, ist für den Radfahrer ein ganz besonderes Erlebnis. Man hat den Mut gefasst, Geist, Seele und Körper der Natur auszusetzen, um während der Tour sein Gleichgewicht zu finden.

Am 15. August 2013 bin ich am Ziel. 4000 Kilometer auf dem legendären Savannah Way liegen hinter mir.

Broome ist eine Oase, in der alles vorhanden ist. Broome ist aber auch eine Stadt, umgeben vom Indischen Ozean auf der einen Seite und der Großen Sandwüste im Südosten. Im Norden Australiens, von Cairns bis Darwin und weiter nach Broome, sieht man den Einfluss asiatischer Kulturen. Tempelanlagen und Märkte haben asiatisches Flair, was ich sehr angenehm finde, denn es passt irgendwie zu meiner Lebensphilosophie. Leben und leben lassen. Den mittleren Weg des Lebens gehen.

Ich entschließe mich, einige Tage in Broome zu verweilen, meine Rückreise nach Cairns zu organisieren und die innere Ruhe, die ich mir während der 4000 Kilometer auf dem Fahrrad erarbeitet habe, zu genießen. Ohne Stress organisiere ich einen Karton für das Bike, und es wird auf dem Campingplatz für den Transport nach Cairns ordnungsgemäß eingepackt.

Für die Rückreise von Broome nach Cairns entscheide ich mich für ein Kombinationsangebot. Zuerst fahre ich mit dem Bus nach Darwin, im Flugzeug geht es dann von dort weiter nach Cairns.

Renate ist am Flughafen, um mich abzuholen. Auf den zwanzig Kilometern vom Airport nach Hause wird mir erst so richtig bewusst, wie angenehm es ist, wieder daheim anzukommen, in einem Bett zu schlafen und den häuslichen Komfort genießen zu können. Mein Leben ist in der Tat ein kontinuierliches Abenteuer. Nach längeren Zeiten mit dem Fahrrad unterwegs bedarf es einer Neuanpassung zu Hause. Da lebe ich nicht aus meinen Fahrradtaschen und mit einem Kochtopf und einem Schlafsack in einem Zelt.

Hier verbringe ich logischerweise den Tag ganz anders als unterwegs. Ich habe eine verständnisvolle Frau, die mich so akzeptiert, wie ich bin. Zu Hause habe ich ein Bett und sogar zwei Kochtöpfe. Gegessen wird am Tisch und nicht im heißen Wüstensand. Das Wasser fließt aus einem Wasserhahn, und ich genieße die Möglichkeit einer angenehmen Dusche. Dinge, die ich nach längeren Aufenthalten daheim für selbstverständlich halte, vermitteln nach einer Tour ganz plötzlich wieder ein doch besonderes Lebensgefühl, und das gibt mir jene Zufriedenheit, nach der wir uns alle sehnen.

ANHANG

Insgesamt 66 000 Kilometer habe ich auf dem Fünften Kontinent mit dem Rad zurückgelegt.

Meine Fahrradtouren in Australien:

1977	Darwin – Sydney	6000 km
1978	Sydney – Darwin	4000 km
1992	Darwin – Cairns	5000 km
1994	Perth – Brisbane	6000 km
1995	Brisbane – Cairns	2000 km
1997	Bike – Kamel – Bike	7000 km
2006	Bamaga – Cairns	1000 km
2007	Cape – Cape	8000 km
2008	Cooktown – Normanton	1000 km
2011	Cairns – Brisbane	2000 km
2013	Savannah Way	4000 km
2014	Rund um Australien	20 000 km

Best of Bike

Tilmann Waldthaler/Carlson Reinhard
Sieh diese Erde leuchten!
30 Jahre mit dem Fahrrad um die Welt

»Ein tiefsinnig-spannendes, unge-
mein unterhaltsames Kaleidoskop
von Abenteuern und Geschichten,
das den Leser um die ganze Welt
fährt.«
Radtouren

Dirk Rohrbach
Americana
In 180 Tagen mit dem Rad
einmal um die USA

Faszination Amerika: Bayern-3-Mode-
rator Dirk Rohrbach erlebt Skurriles,
Melancholisches und Überraschendes
von Florida über L. A., Seattle und
Washington bis zurück nach Tampa.

Robert Penn
Traumrad
Auf der Suche nach dem besten Fahrrad
der Welt

Ein maßgeschneidertes Rennrad von
den genialsten Herstellern weltweit ...
»Zwischen liebevollen Porträts besesse-
ner Mechaniker erzählt Penn die ganze
Geschichte des Fahrrads.« STERN

Unterwegs
mit leichtem Gepäck

Gregor Sieböck
Der Weltenwanderer
Zu Fuß um die halbe Welt

Drei Jahre streift Gregor Sieböck
auf Pilgerwegen durch Europa,
durch die Weite Lateinamerikas und
die Wildnis Neuseelands. »Eine
Hommage an das langsame Reisen.«
GEO

Andreas Altmann
34 Tage, 33 Nächte
Von Paris nach Berlin
zu Fuß und ohne Geld

Einzigartiges Reisetagebuch und
fesselnde Bestandsaufnahme
unserer Gesellschaft. Ausgezeich-
net mit dem Johann-Gottfried-
Seume-Literaturpreis.

Michael Obert
Die Ränder der Welt
Patagonien, Timbuktu, Bhutan & Co.

Michael Obert eröffnet den Blick
auf die magischen Orte außerhalb
unseres Gesichtskreises.
»Ein begabter, ein leidenschaft-
licher, ein großer Erzähler.«
Frankfurter Rundschau

Naturgewalten

Stefan Krücken/Achim Multhaupt
Orkanfahrt
26 Kapitäne erzählen ihre besten
Geschichten

»Ein Prachtband! Ein Buch für alle,
die sich fürs Meer interessieren!
Deftige, lehrreiche, spannende
Geschichten.«   WDR

Dava Sobel
Längengrad
Die wahre Geschichte eines einsamen
Genies, welches das größte wissenschaft-
liche Problem seiner Zeit löste

Wie der schottische Uhrmacher John
Harrison den Chronometer erfand.
»Eine fabelhafte Reise durch Raum
und Zeit.«   Die Zeit

Achill Moser/ Wilfried Erdmann
Von der Wüste und vom Meer
Zwei Grenzgänger, eine Sehnsucht

Der eine segelt als erster Deutscher
allein um die Welt. Der andere
durchquert als Erster 25 Wüsten zu
Fuß oder mit Kamelen.

MALIK ☐ NATIONAL GEOGRAPHIC

10/1005/04/3s

Die Erkundung der Welt

Dieter Kreutzkamp
Das Blockhaus am Denali
Leben in Alaska

Auf das Angebot einer Freundin, ihr Blockhaus am majestätischen Mount Denali für eine Auszeit zu nutzen, folgen Dieter Kreutzkamp und seine Frau Juliana dem Ruf der Wildnis.

Carmen Rohrbach
Im Reich der Königin von Saba
Auf Karawanenwegen im Jemen

Nach Erfahrungen auf allen Kontinenten beschließt Carmen Rohrbach, sich den großen Traum ihrer Kindheit zu erfüllen: Allein durch den geheimnisvollen Jemen, mit viel Intuition und wachem Blick.

Fergus Fleming / Annabel Merullo
Legendäre Expeditionen
50 Originalberichte

Die großen Entdecker der Geschichte in Originalberichten und -illustrationen: eine buntgemischte Gruppe aus Forschern, Seefahrern, Wanderern und Abenteurern, die Außerordentliches leisteten.

MALIK ☐ NATIONAL GEOGRAPHIC

10/1004/05/3s

Einfach mal aussteigen

Lara Juliette Sanders
Einfach davongeflogen
Mein Ticket in ein neues Leben

Statt zur Arbeit fährt Lara Sanders
zum Flughafen. Dort bucht sie
spontan einen Flug, der sie auf die
kleine Karibikinsel Dominica führt,
ohne Gepäck und ohne Bleibe –
hinein in ein neues Leben.

Richard Grant
Meine Bar in Sansibar
Durch Ostafrika zu den Quellen des Nil

Richard Grant erforscht seinen
eigenen weißen Punkt auf der
Landkarte – und erlebt Ostafrika in
seiner ganzen Widersprüchlichkeit.
»Ein packender, erschütternder und
brillanter Bericht.«   T. C. Boyle

Irmin Burdekat, Christian Pfaff
Hast du mal die Kanuschlüssel?
Zwei Outdoor-Amateure
in Kanadas Wildnis

Irmin, Gastwirt und Hobbybildhau-
er, träumt von einem Kunstwerk in
Kanadas Wäldern. »Für alle, die noch
einen verrückten Traum auszuleben
haben.«   Hannoversche Allgemeine

Von verheißungsvollen Wegen ...

Oss Kröher
Das Morgenland ist weit
Die erste Motorradreise vom
Rhein zum Ganges

»Oss Kröher schenkt uns ein Zeit-
dokument von großem Wert.«
Elke Heidenreich

Manuel Andrack
Gesammelte Wanderabenteuer
Warum Wandern glücklich macht

Genaue Schilderung der Wege,
absolut ehrliche Bewertungen und
vor allem große persönliche Aben-
teuerlust: Diese Mischung machte
Manuel Andrack zum Wanderpapst
unter Amateuren wie Profis.

Jens Franke
100 Tage Heimat
Zu Fuß durch Deutschland

Jens Franke macht sich zusammen mit
seinem Husky Aiko auf den Weg vom
geografischen Mittelpunkt Deutschlands bis in die südlichen Natur- und
Nationalparks. Eine Liebeserklärung
an Deutschlands wilde Schönheit.

MALIK ◻ NATIONAL GEOGRAPHIC

10/1038/01/35